AF596598

DISSERTATION
SUR LE PÉRIPLE
DE SCYLAX.

IMPRIMERIE DE JULES DIDOT AINÉ,
IMPRIMEUR DU ROI,
rue du Pont-de-Lodi, n° 6.

DISSERTATION
SUR LE PÉRIPLE
DE SCYLAX,

ET SUR

L'ÉPOQUE PRÉSUMÉE DE SA RÉDACTION.

PAR J. F. GAIL FILS.

A PARIS,

CHEZ L'AUTEUR, A LA BIBLIOTHÈQUE DU ROI,

RUE NEUVE-DES-PETITS-CHAMPS, N° 12;

ET CHEZ TREUTTEL ET WURTZ,

RUE DE BOURBON.

FÉVRIER 1825.

AVERTISSEMENT.

Ce mémoire est extrait d'un ouvrage, intitulé, *Geographi Græci Minores*, édition grecque-latine, dont le premier volume va paraître. Il contiendra les Périples d'Hannon et de Scylax, avec version latine, dissertations, et notes *variorum*. C'est une nouvelle édition de la collection d'Hudson, considérablement augmentée.

Cette dissertation, dont l'académie des inscriptions et belles-lettres a bien voulu entendre la lecture, a été l'objet de plusieurs remarques, qui ont toutes été mises à profit. D'ailleurs, une nouvelle rédaction de ce mémoire, écrit d'abord en latin, m'a donné l'occasion de remanier le sujet, de mieux faire ressortir certains détails, d'insister moins sur quelques autres; de sorte que cette dissertation française, faite assez long-temps après l'autre, présente peut-être la question sous un meilleur jour, quoique le fond des idées soit le même.

La publication de mon premier volume est retardée par des causes, qui me sont tout-à-fait étrangères. C'est pour annoncer mon travail, et en même-temps pour en donner un aperçu, que j'ai offert au public et aux savants, ce résultat d'une partie de mes recherches. Je réclame l'indulgence, en même-temps que je m'efforcerai de la mériter.

DISSERTATION

SUR

LE PÉRIPLE DE SCYLAX,

ET SUR

L'ÉPOQUE PRÉSUMÉE DE SA RÉDACTION.

L'époque à laquelle fut rédigé le Périple attribué à Scylax est loin d'être encore fixée d'une manière certaine, même après les recherches spéciales de Dodwell, Vossius, Jac. Gronovius, du baron de Sainte-Croix, et de M. Niebuhr, et après les opinions émises par d'autres savants sur cette question. J'apporte une opinion qui n'est pas nouvelle quant au résultat, mais qui s'appuie sur des raisons nouvelles. En comparant ce qui avait été dit, j'ai senti que ce n'était pas assez d'un, de deux, de trois arguments pour décider la question; car en procédant ainsi, le Périple de Scylax devenait un arsenal où l'on trouvait des armes pour défendre toutes les opinions. Mais j'ai pesé le nombre et la valeur des arguments contraires; j'ai tâché de me former un jugement fondé sur le plus grand nombre d'inductions, qui doivent l'emporter sur le plus petit nombre d'inductions contraires. Sur-tout je me suis imposé la loi de laisser chaque vraisemblance, quelle qu'elle fût, subsister indépendamment de tout le reste; de ne pas sacrifier ce qui était en contradiction avec mon idée principale. Ainsi, c'est en conciliant les avis de tous ceux qui avaient traité diversement la même question que je me suis composé un résultat, différent plus ou moins de celui des autres, et qui cependant résume toutes les conjectures, auxquelles on pouvait reconnaître quelque valeur.

Si nous demandons aux plus anciens auteurs des notions sur un Scylax géographe, Hérodote[1] se présente le premier pour nous apprendre qu'il exista, un peu avant lui, un homme de ce nom, que Darius, fils d'Hystaspe, chargea de visiter certaines côtes de l'Océan Indien, ou mer Érythrée. Or, comme le Périple que nous avons est celui de la Méditerranée, nous ne pouvons, d'après ce passage, établir d'identité entre ce navigateur et l'auteur du Périple.

Aristote[2] parle d'un Scylax dans le même sens qu'Hérodote, et le fait voyager également

[1] Liv. IV, c. XLIV.

[2] *Politic.*, VII, 14.

dans l'Océan Oriental. Harpocration[1], Philostrates[2], Jean Tzetzès[3], nous disent la même chose. Strabon[4] est le premier qui cite un passage d'un Scylax sur la Troade, et ce passage est d'accord avec le texte qui nous reste, quoi qu'en ait dit Vossius, combattu cette fois avec raison par Gronovius. Cependant Strabon[5] cite un second passage d'un Scylax, qui ne se retrouve pas aujourd'hui dans notre Périple. Ainsi nous n'avons rien encore à conclure, si ce n'est que Scylax est cité par l'érudit Strabon[6] comme un ancien géographe parlant des côtes de la Méditerranée, et auquel il remonte comme à une des premières sources géographiques[7].

Ce titre d'ancien géographe, de παλαιὸς συγγραφεύς, de παλαιὸς λογογράφος, est encore donné par Marcien d'Héraclée[8], Étienne de Byzance[9], à un Scylax

[1] Voc. Ὑπὸ γῆς οἰκοῦντες, pag. 174, ed. Gronov. Lugd. Bat.

[2] In *vita Apoll. Tyan.*, III, 14.

[3] Chil., VII, 144.

[4] Lib. XIII, p. 873, C. ed. Amstel.

[5] Lib. XII, p. 849, A.

[6] Lib. XIV, p. 972, B.

[7] ... ὅτι δ' ἦν κατοικία Μυσῶν ἡ Βιθυνία, ΠΡΩΤΟΝ ΜΑΡΤΥΡΗΣΕΙ Σκύλαξ ὁ Καρυανδεύς, ... (lib. XII, 849).

[8] In *Epitom. Artemidori*, p. 63, Huds.

[9] Voc. Καρύανδα.

qu'ils citent tous comme un écrivain d'une haute antiquité, sans distinguer un ancien et un nouveau Scylax; et à coup sûr, ces auteurs qui ont traité *ex professo* de la géographie, et qui devaient avoir étudié les sources, n'ont pas ignoré l'existence du Scylax d'Hérodote; il paraît donc probable que, quand ils ne reconnaissent qu'un Scylax, et qu'ils ont connu celui d'Hérodote, il y a dans leur esprit identité entre l'un et l'autre.

Si maintenant nous consultons l'antiquité sur les différents Scylax qui ont existé, Cicéron[1] nous en nomme un, mais très postérieur, qui fut l'ami de Panætius. Il était bien né en Carie, mais dans la ville d'Halicarnasse, tandis que le Scylax d'Hérodote était de Caryande. D'ailleurs celui de Cicéron était un des premiers magistrats dans sa patrie, et ces fonctions ne se concilient guère avec les soins que réclament la culture d'une science, et les courses maritimes qu'elle rendait alors nécessaires. Du reste, je ne veux encore rien établir ici, et je sais qu'on pourrait répondre à la rigueur qu'un magistrat suprême pouvait, par sa position même, avoir des renseignements géographiques, et les publier pour l'usage du commerce.

[1] *De Divin.*, II, 42.

Suidas[1] nous apprend qu'il y a eu un troisième Scylax, contemporain de Polybe. Si nous en croyons Suidas, le Périple qui nous occupe appartiendrait probablement à ce Scylax, auquel il attribue plusieurs Périples et autres ouvrages, et enfin une réfutation des écrits de Polybe. Mais plusieurs savants, et entre autres Ruhnken[2], ont remarqué que Suidas confond souvent les personnages, et attribue à un seul homme plusieurs écrits composés à diverses époques: je présume qu'on en jugera ainsi au sujet de sa courte notice sur Scylax; et déja Dodwell[3], Vossius[4], et M. Niebuhr[5], ont manifesté le même sentiment, quoique pour arriver à des résultats différents.

Que conclure déja de ces premières données? c'est que les géographes grecs ont cité souvent un Scylax comme auteur de recherches géographiques très anciennes, les uns disent sur les côtes de l'Océan Oriental, les autres sur les côtes de la Méditerranée.

[1] Voc. Σκύλαξ.

[2] In Præfat. ad Timæi lexic., p. 14, 15.

[3] Dissert. in. Scylac., § 11.

[4] Præf. de Scylac., pag. 89, Huds. p. 153 de mon éd.

[5] In *Abhandl. der kænigl. Akad. von Berlin*, 1804 — 1811; *historisch-philolog. Klasse*, p. 86.

Mais il y a loin de là à pouvoir affirmer que le Périple qui nous est parvenu est réellement de ce Scylax; il n'est pas moins douteux qu'il soit le Scylax de Cicéron, ou celui de Suidas.

On a été obligé de chercher dans le texte lui-même les moyens de déterminer l'époque à laquelle il a été composé; et c'est de là sur-tout qu'on a tiré des conséquences très diverses. Lucas Holstenius[1], Fabricius[2], Hager[3], le baron de Sainte-Croix[4], et Bayer[5], pensent que ce Périple est l'ouvrage du Scylax d'Hérodote; Mazochi[6] croit l'auteur de ce Périple contemporain d'Hérodote, mais pense qu'il a écrit après la publication des œuvres du père de l'histoire. En tout cas, Mazochi attribue sans doute le Périple au Scylax envoyé par Darius à la découverte dans l'Océan Indien. Les deux Vossius[7], Dodwell[8], et Wasse[9] (le commentateur de Thucydide), croient

[1] In Bredow. *Epistol. Parisiens.*, p. 13.

[2] *Biblioth. græc.*, t. IV, p. 106.

[3] *Geogr. Büchersaal*, part. I, p. 560.

[4] *Mém. de l'ac.*, t. XLII, p. 350. — *Examen crit. des histor. d'Alex.*, p. 370, éd. II.

[5] *De situ Scythiæ comm. Petrop.*, t. III, p. 96.

[6] *Tabb. Heracl.*, p. 101.

[7] Præfat. ad Scylac.—Gérard Voss. *De Hist gr.*, p. 126.

[8] Dissert. in Scylac., § IV.

[9] Ad Thuc., II, 97.

que le Périple est du Scylax contemporain de Polybe, celui dont parle Suidas. Mannert[1] fait fleurir l'auteur de ce texte, quel qu'il soit, au commencement de la guerre du Péloponnèse; Bougainville[2], de l'an 370 à l'an 360 avant Jésus-Christ. Cluvier[3] et M. Voss[4], le croient plus jeune que Timée, qui florissait l'an 285 avant Jésus-Christ. Enfin MM. Niebuhr[5] et Ukert[6] prétendent que ce Périple a été écrit pendant la première moitié du règne de Philippe, père d'Alexandre-le-Grand, c'est-à-dire vers l'an 350 avant Jésus-Christ.

Ceux qui ont voulu faire redescendre l'auteur de cet écrit jusqu'au temps de Polybe se fondaient sur ce qu'il semble renfermer des détails géographiques qui n'appartiennent pas à une époque plus reculée. Je vais commencer par énumérer ces passages, peu nombreux d'ailleurs, parceque ce sera poser d'abord les objections auxquelles j'aurai à répondre, et dire sur quoi se fondent ceux qui veulent faire considérer le

[1] *Geogr. der Griech. und Rœm.*, part. I, p. 70.
[2] *Mém. de l'ac.*, t. XXVIII, p. 266.
[3] *Ital. ant.*, lib. IV, c. IV.
[4] *Weltkunde der Alten*, p. 7 — 10.
[5] Loc. cit., p. 83.
[6] *Geogr. der Griech. und Rœm.*, t. I, part. II, pag. 286.

Périple de Scylax comme une pièce assez récente.

Par exemple, nous trouvons dans ce texte qu'une partie des côtes, au fond de l'Adriatique, est occupée par des Celtes, qui faisaient partie d'une grande expédition, et qui, restant en arrière, s'installèrent dans ce lieu [1]. Les historiens nous parlent en effet d'une grande expédition des Celtes ou Gaulois un peu avant Polybe: Dodwell [2] en conclut qu'un écrivain de cette époque a pu seul placer des Celtes sur les bords de l'Adriatique; et puisqu'après le Scylax d'Hérodote, les anciens, dit-il [3], n'ont connu que celui qui vécut du temps de Polybe, il faut bien attribuer à ce Scylax le Périple que nous avons. Cet argument, que le baron de Sainte-Croix [4] a cherché à renverser, en disant qu'il y eut sans doute d'autres invasions de Celtes, antérieures à celle-là, ne serait pas encore suffisant pour décider la question, quand même il serait sans réplique : or, je regrette de dire ici que la dissertation du savant Dodwell sur Scylax n'a pas en définitive d'autre fondement, pour déclarer

[1] Pag. 6, Huds. § XVIII, pag. 245 de mon éd.

[2] *Dissert. in Scylac.*, § VII.

[3] Ibid., § IV, init.

[4] *Mém. de l'ac.*, t. XLII, p. 370.

ce Périple une piéce rédigée du temps de Polybe. Car, quand il soutiendra[1] que les Carthaginois n'avaient pas de comptoirs en Espagne du temps d'Hérodote, et que, par conséquent, un Scylax de cette époque n'aurait pu en placer dans cette contrée, son erreur est facile à réfuter; elle l'est déja dans un savant mémoire du baron de Sainte-Croix[2]. Dodwell[3] fait une véritable pétition de principe, quand il argumente de ce que Leucade est appelée île dans le Périple. En effet, dans la plus haute antiquité, du temps d'Homère[4], Leucade fut péninsule; du temps d'Hérodote elle était une île[5], parcequ'une colonie, venue de Corinthe, avait creusé l'isthme. Elle était redevenue péninsule du temps de Thucydide[6], puisqu'il nous parle de vaisseaux transportés à travers l'isthme. Enfin elle redevint une île du temps de Tite-Live[7], comme

[1] L. c., § VI.

[2] Loc. cit., p. 369.

[3] Loc. cit., § VIII.

[4] Odyss., XXIV, 376, 377. Voy. ma note 162 sur Scyl.

[5] Cela résulte de ce qu'Hérodote (VII, 45) rapporte que les Corinthiens, du temps de Cypsélus, coupèrent l'isthme de la péninsule. L'époque de Cypsélus est évidemment postérieure à Homère, et antérieure à Hérodote.

[6] Lib. IV, 8.

[7] C'est ce que fait comprendre Tite-Live (lib. XXXIII,

elle l'est encore aujourd'hui, que les voyageurs la disent séparée du continent par le canal de Sainte-Marie. Mais Dodwell n'avait pas comparé les époques, et ne songeait pas que le géographe qui fait de Leucade une île a pu vivre au moment où cette espèce de promontoire fut séparé du continent pour la première fois, aussi bien que vivre du temps de Polybe ou de Tite-Live. Cette question partielle n'est décidée que par la décision de la question générale, et doit rester pendante, jusqu'à ce qu'une masse d'arguments positifs ait d'ailleurs opéré quelque conviction.

Mais quel argument plus faible encore Dodwell[1] tire de ce que Thèbes étant appelée selon lui τεῖχος dans le Périple, cette dénomination serait une preuve que l'auteur écrivait entre 334 et 314 av. Jésus-Christ. Τεῖχος, comme il le prouve fort bien, s'entend dans Scylax de forts maritimes destinés à protéger les ports. Dès-lors, il ne voit plus Thèbes nommée que comme une forteresse maritime; la ville n'existe plus dans l'intérieur des terres; donc Thèbes, à l'époque où le Pé-

c. XVII), et ce qu'exprime formellement Denys d'Halicarnasse (*Ant. rom.*, lib. I, p. 40, lin. 33), en appelant Leucade une *île*.

[1] Loc. cit., § XIV.

riple fut écrit, avait été détruite : elle ne le fut que par Alexandre; donc le Périple est tout au plus du temps d'Alexandre-le-Grand. Mais ici le texte a été, je crois, mal entendu par Dodwell; et du reste de même par Vossius, Gronovius, MM. Niebuhr, Ukert, et tous les autres. On lit dans ce texte [1] : Αὐλὶς ἱερὸν, Εὔριπος, τεῖχός Ἀνθηδὼν, τεῖχος Θῆβαι, Θεσπιαὶ, Ὀρχομενὸς ἐν μεσογείᾳ, et l'on a traduit : *l'Hiéron Aulis, l'Euripe, le* τεῖχος *Anthédon, le* τεῖχος *Tèbes, Thespies, Orchomènes dans l'intérieur des terres.* Il ne faut ici qu'une meilleure ponctuation; et, en rapportant le mot τεῖχος, qui précède Θῆβαι, à Anthédon, qui précède τεῖχος, ce sera Anthédon que nous prendrons pour un τεῖχος; on ponctuera avant Θῆβαι, et il nous restera *Thèbes, Thespies,* et *Orchomènes,* comme villes de l'intérieur, ce qui est exact. Du reste, qui a jamais parlé d'une forteresse maritime appelée Thèbes? c'est Dodwell seul, pour se rendre raison du passage. Il est donc réellement fait mention de Thèbes dans Scylax, et il est inutile de replacer, à cause de ce passage, le Périple à l'âge d'Alexandre-le-Grand.

Vossius [2] s'y est mieux pris pour montrer que ce Périple offre des indices d'une géographie

[1] Pag. 23, Huds. § LX, pag. 273 de mon éd.

[2] *De Scylac. præfat.*, pag. 153 de mon éd.

postérieure à l'âge du Scylax d'Hérodote. Ce Périple[1] nomme les σκέλη du Pirée, ou *longs murs*, qui, construits au commencement de la guerre du Péloponnèse, joignaient la ville au port. En effet, le Scylax d'Hérodote n'a pu vivre assez pour voir la construction de ces *longs murs*. Mais Vossius va, je crois, trop loin, lorsqu'il en conclut que le Périple a été écrit par le Scylax contemporain de Polybe. Mais du moins il s'arme d'un fait, auquel il faut avoir égard.

Autre trace d'une époque postérieure au Scylax de Darius, fils d'Hystaspe : la ville de *Thurium* est mentionnée trois fois dans notre géographe[2]. Or cette ville, appelée jadis *Sybaris*, fut détruite, et refondée, dit Strabon, du temps d'Hérodote, et vers la fin de sa vie; elle prit alors, pour la première fois, le nom de *Thuria* ou *Thurium*. Un écrivain un peu plus âgé qu'Hérodote n'aurait pas pu être témoin de la fondation de cette ville nouvelle, et l'appeler de son nouveau nom. Donc, disent plusieurs savants, entre autres M. Niebuhr, le Périple a été écrit après le siècle de Périclès, du temps de Philippe, père d'Alexandre-le-Grand. Je demande à ce savant qu'il

[1] Pag. 21, Huds. § LVIII. p. 270 de mon éd.

[2] Pag. 3, fin. et p. 4. Huds. § XII, XIII, pag. 240, 242, de mon éd.

me permette de conclure seulement que ce détail appartient réellement à une époque postérieure; mais si des arguments contraires se présentent avec une force égale, ou même supérieure, il sera forcé d'avouer que quelques mots ne sont pas un livre, et qu'un ouvrage peut être ancien, malgré quelques indices partiels, où l'on reconnaît une touche récente.

Il en est de même d'*Amphipolis*[1], qui, jadis appelée l'Ἐννέα ὁδοί, les *Neuf-Voies*[2], ne prit ce nom d'Amphipolis que vers l'époque de la guerre du Péloponnèse. M. de Sainte-Croix, qui était convaincu de l'antiquité du Périple, répond à cette objection en disant que c'est une interpolation. Je pense en effet que cette opinion est soutenable, quand on s'est fait d'ailleurs une masse d'arguments suffisants pour établir l'antiquité d'un écrit; et peut-être ce savant aurait-il mieux fait d'en revenir encore à cette même solution, pour un ou deux autres passages, dont on ne pouvait guère rendre compte autrement, et

[1] Pag. 27, Huds. § LXVIII, p. 379 de mon éd.

[2] Pour parler plus nettement, la ville d'Amphipolis ne s'appelait pas avant cette époque *les Neuf-Voies*, car elle n'existait pas encore. Il n'y avait qu'une espèce de carrefour. Voyez à ce sujet Polyen, qui ne permet pas de supposer autre chose. Voyez ma note 375 sur Scyl.

qu'il a trop soutenus dans son mémoire sur Scylax.

Le dernier indice à-peu-près qui semble ramener ce Périple à l'âge de Philippe, où le place M. Niebuhr, c'est que *Thronium* et *Cnémis* sont nommés comme villes de la Phocide[1], tandis que ces villes appartinrent toujours, dit-on, à la Locride, jusqu'à l'an 353 avant Jésus-Christ, époque où, selon Diodore, les Phocéens les enlevèrent aux Locriens. M. de Sainte-Croix[2] s'est attaché à montrer que de semblables tentatives contre des villes ont pu se renouveler plusieurs fois entre des peuples si rapprochés et même si mêlés. En tout cas, je verrais dans ce passage une interpolation, plutôt que je n'en conclurais que le Périple est nécessairement postérieur à l'an 353.

Ainsi les vrais arguments des savants qui veulent ramener la rédaction du Périple à l'âge de Polybe, ou du moins à l'âge de Philippe, père d'Alexandre, se bornent à cinq, c'est-à-dire à l'énoncé des σκέλη, ou longs murs; des Celtes sur l'Adriatique; de *Thurium* au lieu de Sybaris; d'Amphipolis au lieu d'Ἐννέα ὁδοί; et des villes de Thronium et Cnémis placées dans la Pho-

[1] Pag. 23, fin. Huds. § LXII, p. 274 de mon éd.

[2] Loc. cit., p. 366.

cide, au lieu de l'être dans la Locride. Encore faut-il les réduire réellement à trois détails hors de contestation ; ce sont les σκέλη, Thurium, et Amphipolis. Car on peut dire au sujet des Celtes, placés hors de l'Adriatique, ce que conjecture le baron de Sainte-Croix, qu'ils y sont peut-être venus à une époque antérieure ; et au sujet de Cnémis et Thronium placés en Phocide, que ces deux villes ont pu être à diverses époques prises et reprises par les Locriens et les Phocidiens. En tout cas, si l'on rejette ces conjectures, nous ferons monter à cinq les indices d'une géographie contemporaine à Démosthène, qu'on peut découvrir dans le Périple attribué à Scylax.

Je reviendrai sur ces indices ; voyons maintenant si l'on ne peut soutenir avantageusement la thèse contraire à celle de MM. Niebuhr et Ukert, qui veulent placer la rédaction du Périple vers la première moitié du règne de Philippe, père d'Alexandre-le-Grand.

Mes arguments sont au nombre de neuf, et j'aurai occasion d'insister autant sur leur nature et sur leur valeur que sur leur nombre :

1° Scylax nous présente les Chaoniens et les Thesprotes comme habitant de son temps par bourgades, κατὰ κώμας ; c'est-à-dire qu'ils n'avaient pas encore de villes proprement dites, ou, en d'autres termes, des groupes d'habitations renfermées dans une enceinte de murs. Hérodote au contraire nomme déja la ville de *Posidium*[1], chez les Thesprotes, et bientôt après on compte les villes d'*Onchismus*, de *Buthrote*, d'*Éphyre*, de *Pandosie*, etc... Il est bon de s'arrêter ici sur la signification du mot πόλις. Il signifie proprement une association de citoyens qui obéissent à un même régime, aux mêmes lois, renfermés ou non dans l'enceinte d'une ville. Thucydide[2] dit que les anciens Hellénes exerçaient la piraterie, προσπίπτοντες πόλεσιν ἀτειχίστοις καὶ κατὰ κώμας οἰκουμέναις, en venant fondre sur les πόλεις, qui n'étaient pas ceintes de murs, et qui étaient habitées par des bourgades. Ainsi dans son acception primitive, πόλις est le corps des citoyens; ἄστυ seul signifie la ville et ses murs. Il y a long-temps que cette distinction a été faite, mais je la rappelle ici, parcequ'elle paraît contraire aux conséquences que je veux tirer du passage de Scylax. Mais j'ajouterai que bientôt les πόλεις, composées d'abord de bourgades, se réunirent dans l'enceinte des villes, et que le mot πόλις, qui par sa nature ne signifie pas proprement *ville*, l'exprima par le fait et par la force de l'usage; de manière que πόλις devint bientôt

[1] III, 91.
[2] I, 5.

l'opposé de χώρα οἰκουμένη κατὰ κώμας, après avoir eu une signification identique. Cette distinction s'était établie en Grèce dès l'âge d'Hérodote, comme elle s'établit en Italie, où les noms de *Falisci*, *Tarquinii, Vulsinii*, substantifs pluriels, donnés à des villes, prouvent que ce qui avait d'abord désigné les habitants du territoire en général, finissait par s'entendre véritablement de la ville, chef-lieu du territoire.

Nous sommes donc fondés à croire que Scylax, quand il parle des peuples qui habitent κατὰ κώμας, ne veut pas dire la même chose qu'Hérodote, lorsqu'il cite une πόλις, celle de *Posidium*. Scylax comparé à lui-même, nous ôte tout doute; car par-tout ailleurs il cite des πόλεις, et ne prétend pas dire la même chose à l'article des Thesprotes et des Chaoniens, où il ne mentionne que des κώμας. Ainsi donc Paulmier de Grentemesnil (car il a le premier tiré cette conclusion du passage) a raison d'en conclure que cet endroit du Périple attribué à Scylax, appartient à une géographie antérieure à Hérodote. Il paraît même certain qu'Hérodote, en nommant *Posidium*, fait mention d'une ville assez nouvellement construite, ou ceinte de murailles; car, en tout cas, il n'a pu s'écouler beaucoup d'années entre la publication des écrits de Scylax et l'âge d'Hérodote : et, pour le dire en passant, ce rapprochement du texte de Scylax et de celui d'Hérodote, nous fixe approximativement l'époque où Posidium a été ceinte de murs; à moins que des ruines, trouvées dans des lieux réellement identiques, n'attestent des murs de construction pélasgique. Du reste, on voit par Thucydide, que les peuples de cette côte marchaient, quoique lentement, à la civilisation, puisqu'il les qualifie encore de son temps, de peuples demi-barbares[1], mais non plus de peuples habitant par bourgades.

2° Autre présomption pour l'antiquité du Périple : l'Épire n'y occupe aucune place comme contrée. A partir du nord, après les monts Acrocérauniens, l'auteur[2] nomme les *Thesprotes*, la *Cassopie*, la *Molottie*, l'*Ambracie*, et arrive immédiatement à l'Acarnanie et à l'Étolie. Les auteurs récents, et entre autres Tite-Live[3], s'expriment autrement : *Acarnania... inter Ætoliam atque Epirum posita*. Ici l'Épire occupe une place comme contrée ayant des limites certaines; Scylax ne fait que nommer les peuples qui oc-

[1] II, 68 et 80.

[2] Pag. 11 et 12, éd. Huds. § XXX, XXXI, XXXII, XXXIII, de mon éd.

[3] Lib. XXXIII, c. XVII.

cupaient l'emplacement de ce qui fut depuis l'Épire, état du roi Pyrrhus.

Homère, à la vérité, nomme un Ἤπειρον; il dit qu'un contingent de vaisseaux fut envoyé par ceux,

> Οἵ τε Ζάκυνθον ἔχον, ἠδ' οἳ Σάμον ἀμφενέμοντο,
> Οἵ τ' Ἤπειρον ἔχον, ἠδ' ἀντιπέραι' ἐνέμοντο,

*par ceux qui habitaient Zacynthe et Samos (sa métropole); par ceux aussi qui habitaient l'*Épire, *côte opposée à cette île*[1].

Mais qu'est-ce que l'Épire d'Homère? c'est la partie qui fait face aux îles Ithaque et Céphalénie. C'est l'*Acarnanie* elle-même, que du reste Homère ne désigne pas sous cette dénomination. Strabon[2] l'affirme lui-même : *Homère*, dit-il, *entend par* Ἤπειρος, *ce qui est en face des deux îles susnommées, ainsi que Leucade et tout le reste de l'Acarnanie.* Mais où Strabon a tort, c'est lorsqu'il conclut de là, qu'Homère *faisait descendre l'Épire au midi jusqu'au golfe de Crissa.* Il y a là une équivoque, qu'il faut éclaircir. Ou bien Homère entend par Ἤπειρος simplement *le continent*, ou bien il emploie ce mot comme une dénomination

[1] Lib. II, 635.
[2] Liv. X, p. 695, C.

géographique. Si Ἤπειρος est le continent, Strabon a tort de le considérer comme une portion de côte, comprise dans des limites certaines, et de dire que l'Épire d'Homère renferme l'Acarnanie des temps postérieurs, plus la contrée appelée depuis *Épire*. Un rivage appelé Ἤπειρος, par opposition à des îles, n'a pas d'étendue fixe; et l'on ne m'objectera pas que l'étendue de l'Ἤπειρος était précisée, par cela même qu'elle avait des îles en face, car on ne trouve plus au nord d'Ithaque et de Leucade, que l'île Corcyre; or, l'*Épire,* dénomination géographique, commence, de l'aveu unanime des anciens[1], plus haut que Corcyre, vers le nord, c'est-à-dire à la pointe des monts Cérauniens. Ainsi, de toute façon, dans cette première hypothèse, Strabon a tort de donner à l'Ἤπειρος d'Homère une étendue positive, autre que celle qu'Homère lui donna lui-même en mentionnant l'île de Zacynthe (Céphalénie) *et le continent opposé*. Si, au contraire, l'intention d'Homère a été d'employer Ἤπειρον, comme nom propre, comme dénomination géographique, Strabon a encore tort de donner à cette Épire, une extension que le poëte ne lui

[1] Voyez Cellarius, *Geogr. ant.*, t. I, p. 693, prem. éd.; et ma note 133 sur Scylax, dont je vais publier sous peu une édition.

donne pas. Personne ne se méprendra ici sur le sens d'ἠδὲ dans Homère : ces mots ἠδέ, τε, καί, expriment souvent *identité*, mais identité qui *précise* quelque chose dans l'objet susnommé, et non pas addition d'un nouvel objet, venant à la suite d'un autre qui précède. Dans le premier vers, Οἵ τε Ζάκυνθον ἔχον, ἠδ' οἳ Σάμον ἀμφενέμοντο, il est trop évident, que *Samos* marque identité de lieu avec *Zacynthe*, avec cette seule différence, que Samos est spécifiée comme partie principale de ce qui précède. De même, dans le second vers, ἠδ' ἀντιπέραια a une signification identique avec l'ἤπειρον qui précède[1]. Seulement, qu'on

[1] Sur le sens de τε et de καί, signes d'identité, voyez Wyttenbach, *Biblioth. crit.*, part. VII, p. 57, 58; lettre de J. B. Gail à Hermann, p. 51; note de M. Letronne sur Strabon, trad. franç., tom. V, pag. 264, note 1; et pag. 454, not. 4. Ajoutez ce vers de l'Iliade (I, 497): Ἠερίη δ' ἀνέβη μέγαν οὐρανὸν, Οὔλυμπόν τε. Eschyle (*Herc. fur.* v. 15) : Ἀργεῖα τείχη, καὶ Κυκλώπειαν πόλιν. Thucydide (I, 58), dit que Perdiccas conseilla aux Potidéates d'abandonner leur ville, τοῖς τε ἐκλείπουσιν τούτοις, τῆς ἑαυτοῦ γῆς, τῆς τε Μυγδονίας περὶ τὴν Βολβὴν λίμνην ἔδωκε νέμεσθαι, *et dedit iis inhabitandam suæ ipsius regionis partem*, NEMPE *Mygdoniæ locos circum lacum Bolben.* En effet la Mygdonie et le lac Bolbé faisaient partie de la Macédoine. On peut rapprocher encore ce premier vers de Théocrite : Ἁδύ τι τὸ ψιθύρισμα καὶ ἁ πίτυς, *Dulce quid est levis susurrus pinus illius.* Il y a identité et appartenance entre ψιθύρισμα et

ne subtilise pas, en disant que le mot Ἤπειρος signifiera la contrée avec son étendue quelconque (celle que lui donne Strabon par exemple), et que ἠδ' ἀντιπέραια ne fait que spécifier une partie de ce tout, c'est-à-dire la partie qui fait face à Zacynthe, tandis que le reste de l'Épire d'Homère pouvait s'étendre plus loin vers le nord. Je préviendrai cette objection, en faisant remarquer, qu'on ne précise que ce qui peut être précisé, ou a besoin de l'être; et que, si Homère avait compris par Ἤπειρος, la côte correspondante à l'Acarnanie, plus la côte située au nord, enfin l'Épire, telle que la suppose Strabon, il lui aurait suffi de nommer l'Ἤπειρος, et que cela désignait aussi bien la côte opposée aux îles, que celle qui ne leur était pas opposée. Homère, en nommant plus haut l'île de Zacynthe, comprend bien implicitement sous cette dénomination Samos, ville qui se trouve dans cette île; mais il n'en avait pas moins un motif pour spécifier le chef-lieu de cette île, et en faire une mention particulière.

πίτυς. Si les éditeurs et annotateurs de Théocrite (voyez l'éd. de M. Kiessling) avaient songé à cette propriété *identique* de τε et καί, ils n'auraient pas accumulé des corrections et des conjectures pour expliquer ce vers. Sur τε, καί, marques d'identité, voy. aussi *Rapport sur les trav. de la Cl. d'hist.*, 1813, pag. 46.

Ainsi Strabon a tort, soit qu'Homère n'emploie le mot Ἤπειρος que comme nom commun, dans le sens de *continent*, parcequ'il ne pouvait dès-lors lui fixer une étendue, ou du moins lui en fixer une autre que celle dont Homère donne l'idée; il a tort, si Homère emploie Ἤπειρος comme dénomination géographique, parcequ'il ne devait pas supposer, sans induction fondée, qu'Homère donne à son Épire une étendue autre que celle qu'il exprime véritablement.

Nous, au contraire, nous avons des inductions qui nous portent à croire, que Strabon aime par fois à supposer dans Homère plus qu'on n'y trouve réellement. Sa propension est de croire qu'Homère avait en géographie les mêmes idées que les modernes. Strabon ne veut pas en savoir plus que le poëte; et comme, de son temps, l'usage avait donné le nom d'Épire à toute la côte, depuis l'entrée de l'Adriatique jusqu'au golfe d'Ambracie; et comme, d'un autre côté, il ne peut méconnaître que l'Épire d'Homère correspond à l'Acarnanie moderne, il en conclut que l'Épire d'Homère comprend l'Épire proprement dite des modernes, plus l'Acarnanie. Mais Homère fait aborder Ulysse naufragé, chez les Thesprotes[1]; c'est juste le milieu de l'Épire moderne;

[1] *Odyss.* XIV, 315.

le poëte ne nomme pourtant l'Épire, ni dans ce passage, ni dans aucun autre, en parlant des côtes situées au nord du golfe d'Ambracie.

Maintenant l'Ἤπειρος d'Homère signifie-t-il simplement *continent*, ou peut-on le prendre pour une dénomination géographique? Ma réponse ne sera ici affirmative, ni dans un sens, ni dans l'autre. Plusieurs savants, et entre autres M. Guillaume Schlegel [1], pensent qu'il ne s'agit dans Homère, que du *continent* pris dans son acception la plus simple et la plus générale, et je me range à-peu-près de leur opinion. Cependant je ne voudrais pas affirmer que, du temps d'Homère,

[1] Quoique je m'écarte un peu de l'opinion de ce savant, ce qu'il dit de l'Ἤπειρος d'Homère, me paraît cependant mériter d'être rapporté: *Vocabulum hoc* (Ἤπειρος) *non esse nomen proprium, sed appellativum ab insularum incolis terræ objacenti inditum, cui deinde longus usus nominis vim impertierit, cum in Homero priscam significationem adhuc retineat, cuivis in oculos incurrit. Quamobrem etiam de finibus Epiri ex Homero certi aliquid statui nequit* (donc M. Schlegel condamnerait le passage où Strabon prétend préciser l'étendue de l'Ἤπειρος d'Homère), *nisi per totum tractum littoralem ab Ætolorum inde terra continuari Epirum, usque ad regiones tunc nondum Græcis cognitas.* ULTRA CORCYRAM IGITUR EAM PATUISSE AFFIRMARE NON AUSIM. (Schlegel, *Geogr. Homeric.*, p. 82). Mon père développe encore cette idée dans le *Rapport des trav. de l'ac.*, 1813, p. 41.

l'Ἤπειρος ne désignât pas le rivage appelé continent par excellence; que le mot Ἤπειρος, par son simple énoncé, ne reportât pas l'esprit des Grecs vers les côtes dont nous parlons. Je m'étonne, qu'une côte, d'où les Hellénes tirent un contingent de vaisseaux pour le siége de Troie, *n'ait pas de nom* chez eux, sur-tout du temps où le poëte composait ses vers; je m'étonne qu'il cite vaguement, après Zacynthe, *le continent opposé à cette île*. Sans donc affirmer tout-à-fait, que Ἤπειρος dans Homère soit rigoureusement une dénomination géographique, cependant je crois qu'il désigne spécialement *la partie continentale des états d'Ulysse*. Strabon lui-même (p. 693, B) se contredit, et rentre dans mon idée, en affirmant qu'Homère qualifie cette même côte de Κεφαλληνίας ἤπειρον, *continent appartenant à Cephallenie*. J'inclinerais donc à croire, qu'Ἤπειρος a dans Homère une signification assez précise; que cette dénomination reprit son caractère vague et général jusqu'à Thucydide et Xénophon, à partir desquels l'Épire fut une contrée positive, mais placée autrement que dans Homère.

L'Acarnanie est donc toute seule l'Épire d'Homère; et voilà pourquoi, tandis que le géographe Éphore[1] soutient que les Acarnanes sont com-

[1] Ap. Strab. X, p. 461, fin. (p. 709, A, ed. Amstel.)

pris dans le Catalogue des vaisseaux, Strabon[1] soutient qu'Homère les passe sous silence. C'est qu'il n'y a là qu'une dispute de mots. Éphore entend le lieu occupé par les Acarnanes, l'Épire d'Homère; Strabon ne voulait les supposer admis dans le Catalogue des vaisseaux, que s'ils étaient appelés par leur propre nom.

Hérodote ne fait nulle part mention de l'Épire, ce qui est une conformité remarquable; et Thucydide se contente de nommer vaguement une ligue de peuples *Épirotiques*. Les Ambraciotes promettent aux Athéniens l'alliance des peuples de ces côtes, λέγοντες, ὅτι... πᾶν τὸ Ἠπειρωτικὸν Λακεδαιμονίοις ξύμμαχον καθεστήξει[2]. Cette dénomination n'est encore là que générique.

On m'objectera que Pindare[3] fait régner Néoptolème ἐν Ἀπείρῳ. Mais je ne crois pas que Pindare prétende donner ce nom comme une dénomination de géographie positive. Il ajoute les limites qu'il faut donner à cette Épire : c'est depuis Dodone jusqu'au lieu où est l'entrée de la mer Ionienne; βουβόται τόθι πρῶνες ἔξοχοι κατάκεινται, Δωδώναθεν ἀρχόμενοι, πρὸς Ἰόνιον πόρον, *Regnabat Neoptolemus in continenti, ubi pascuis apti colles sese exten-*

[1] Ibid., paullo ult.

[2] III, 102.

[3] *Nem.*, IV, 83.

dunt, a Dodona incipientes usque ad Ionium meatum. Pindare donne-t-il ces limites comme développement purement poétique, ou comme éclaircissement nécessaire? Il y a au moins doute. Du moins le scholiaste ne pensait pas que le mot Ἄπειρος annonçât des limites certaines, puisqu'il dit que Néoptolème ἄρχει τῆς πολλῆς ἠπείρου, *règne sur une grande partie de l'*ἤπειρος. Et il ajoute : ταύτης ἠπείρου ἦρξεν ὁ Νεοπτόλεμος, *Voilà ce qui constituait l'*ἤπειρος, *sur laquelle régnait Néoptolème.*

Du reste, quand bien même Pindare aurait fait un pays proprement dit, un royaume, de son *Épire,* il n'en faudrait rien conclure, parcequ'un poëte, auquel les mots pompeux ne coûtent pas, ne peut servir d'autorité contre le témoignage plus grave et plus solide des prosateurs, qui pèsent les expressions. Pindare emploie le mot Ἄπειρος, parceque les côtes où régna Néoptolème, lui paraissent correspondre à ce que de son temps on désignait sous la dénomination générique d'Épire. Pausanias, Justin, Eustathe, parlent aussi de l'arrivée de Néoptolème en *Epire;* mais d'autres, tels qu'Apollodore et Servius, ne le font venir qu'en *Molossie.* C'est qu'on s'entendait sur le lieu, et qu'on variait sur la dénomination. Pourquoi Hérodote ne parle-t-il pas de l'Épire? pourquoi Scylax n'en parle-t-il pas? pourquoi Thucydide mentionne-t-il d'une manière assez vague, τὸ Ἠπειρωτικόν, si, depuis Homère jusqu'à Pindare, la dénomination d'Épire s'est appliquée, d'une manière si positive et non interrompue, au même territoire? Nous sommes donc assez fondés à affirmer que Xénophon[1] est le premier qui paraisse avoir une *Épire* proprement dite; une Épire, qui dispense les géographes d'avoir recours à une autre désignation, pour indiquer suffisamment un territoire renfermé dans des limites certaines. Toutefois, cette conformité entre Scylax et Hérodote, qui ne donnent pas de place à l'Épire[2], mais qui nomment les peuples remplissant cet espace,

[1] Hellen., VI, 1, 4, (p. 358, Thiem).... καὶ Ἀλκέτας ὁ ἐν τῇ Ἠπείρῳ ὕπαρχος.

[2] Je ne dois pas taire que dans le Périple, p. 10, éd. Huds. § XXVI, pag. 252 de mon éd., on lit: κατὰ ταῦτα ἔστι τὰ Κεραύνια ὄρη ἐν τῇ Ἠπείρῳ, καὶ νῆσος... Mais ces mots ἐν τῇ Ἠπείρῳ sont évidemment interpolés, puisque le géographe, suivant sa route du nord au midi, arrive aux lieux qui constituent l'Épire, et que là il ne la nomme nullement. C'était pourtant le lieu et le moment; bien au contraire, il nomme quatre peuplades à la place que devrait occuper l'Épire. D'ailleurs, il dit plus haut (pag. 7. Huds. § XXII, p. 247 de mon éd.) que l'Illyrie s'étend le long de la mer jusqu'à la Chaonie. Il aurait dit *jusqu'à l'Épire*, si les côtes de Chaonie, de Thesprotie, de Cassopie, eussent été l'*Épire* proprement dite. L'emploi de

me paraît frappante, et semble appartenir à deux écrivains à-peu-près contemporains.

3° Les Molosses, chez tous les géographes, ne sont qu'un peuple de l'intérieur; Scylax est le seul qui le fasse descendre jusqu'à la mer. Μετὰ δὲ Κασσωπίαν Μολοττοί εἰσιν ἔθνος... Καθήκουσι δὲ κατὰ μικρὸν ἐνταῦθα ἐπὶ τὴν θάλατταν· εἰς μεσογείαν δὲ πολλή[1]. Paulmier avait remarqué encore ce passage; mais ce savant judicieux, qui était disposé à regarder le Périple comme très ancien, ne me paraît pas avoir fait un bon usage de sa remarque: car il en conclut ici que Scylax se trompe[2], puisqu'il diffère des autres géographes. Mais il en différait tout-à-l'heure, quand il nous peignait les Thesprotes habitant par bourgades; cependant Paulmier en concluait avec raison que c'était dans cette différence même, que consistait l'antiquité du Périple; pourquoi n'a-t-il pas tiré ici la même conséquence? pourquoi n'a-t-il pas conclu, avec une grande probabilité, que les limites du pays des Molosses ont changé; qu'elles descendaient jadis jusqu'à la mer, mais que, depuis, le littoral leur fut enlevé par leurs voisins?

ces dénominations *Chaonie*, *Cassopie*, etc.... exclut celle d'*Épire*, contrée.

[1] Pag. 12, Huds. § XXXII, pag. 254 de mon éd.

[2] Palmer. *Græc. ant.*, p. 322.

4° Je tirerai mon quatrième argument d'un passage analogue. L'Arcadie est chez presque tous les auteurs anciens [1] une province renfermée au centre du Péloponnèse. Scylax seul la fait descendre jusqu'à la mer, vers les confins de l'Élide et de la Messénie. Καθήκει δὲ ἡ Ἀρκαδία ἐπὶ θάλατταν κατὰ Λεπρέων (*fors.* Λέπρεον) ἐκ μεσογείας [2]. Bien plus, il ajoute ensuite : μετὰ δὲ Ἀρκαδίαν ἔστιν ἔθνος Μεσσήνη, preuve évidente que l'Arcadie s'interpose entre l'Élide et la Messénie. A ce dernier passage, Vossius, saisissant mal tout cet endroit du texte, exprime son étonnement : « Scylax, ait, dum de Arcadia « loquitur, *ad Lepreatas convertit sermonem;* nam « Arcadia mediterranea est regio, et nusquam « mari vicina, nisi apud Leprium, urbem mari« timam, quæ obstat, quominus ad mare per« tingat; et idcirco Lepreatarum præternaviga« tionis stadia enumerat, non Arcadum. » Mais tant s'en faut que Lépréon s'oppose à ce que l'Arcadie s'étende jusqu'à la mer, que c'est au contraire par Lépréon qu'elle y touche. Vossius s'est obstiné à ne pas voir que Lépréon, dans Scylax, appartient à l'Arcadie.

Maintenant, cette extension de l'Arcadie a été

[1] Excepté Pausanias (V, 5, p. 385, Kühn.), qui rapporte là une tradition, sans y ajouter foi.

[2] Pag. 16, Huds. § XLV, pag. 261, 262 de mon éd.

une ample matière de discussion pour quelques savants modernes. MM. Niebuhr et Ukert pensent que cet état de la géographie du Péloponnèse appartient à l'époque d'Épaminondas, et dut suivre les batailles de Leuctres, ou peut-être celle de Mantinée. Ces savants conviennent bien, d'après Thucydide [1], que Lépréon dépendait à certaine époque de l'Arcadie; mais ils ne doutent pas un instant, que cette époque, rapportée par Thucydide, ne soit au-dessus de l'âge de Scylax. Ils suivent depuis l'âge de Thucydide, les destinées des Lépréates, et prouvent réellement que, dès ce moment jusqu'à Épaminondas, les Lépréates furent soumis aux Éléens, excepté un court intervalle, où ils se révoltèrent contre les Éléens, avec l'appui des Lacédémoniens. Dans ce court laps de temps, ou bien ils furent indépendants, ou bien ils obéirent à Sparte. Du temps d'Aristophane, les Lépréates étaient rentrés sous la domination de l'Élide, jusqu'au moment où Épaminondas, relevant la Messénie et l'Arcadie, long-temps opprimées par les Lacédémoniens, offrit aux Lépréates l'occasion de se rattacher à l'Arcadie, dont ils avaient dépendu autrefois. Ainsi, disent MM. Niebuhr et Ukert,

[1] V, 31. A tort; car Thucydide ne le dit nullement.

ce n'est qu'après les victoires d'Épaminondas, que l'Arcadie put s'étendre jusqu'à la mer, entre l'Élide et la Messénie. Mais ces savants reconnaissent qu'avant Thucydide, Lépréon a appartenu à l'Arcadie; seulement, ils n'admettent pas que Scylax ait pu être antérieur à l'historien: ceci est une question résolue seulement par la solution même de la question dans son ensemble. Nous allons toujours, dans notre hypothèse, concilier historiquement les documents fournis par Strabon, et le détail géographique que peut avoir donné un Scylax, qui aurait fleuri à la fin du cinquième siécle avant notre ère.

Strabon[1] parle avec quelque détail des peuples qui tour-à-tour régnèrent sur la Triphylie, dont Lépréon étoit une des principales villes. Elle fut appelée Triphylie, de trois peuples dominateurs successifs de cette contrée; ce sont les *Épéens*, les *Minyens*, les *Éléens*. Cependant Strabon ajoute que quelques auteurs mettaient, dans cette énumération, les *Arcadiens* à la place des Minyens. Ainsi, selon quelques uns, la domination des Arcadiens sur la Triphylie, aura été précédée par celle des Épéens, et suivie par celle des Éléens. Comme le remarque M. Nie-

[1] Lib. VIII, pag. 519, C., ed. Amstel.

buhr, depuis Thucydide jusqu'à Épaminondas, les Lépréates ont obéi aux Éléens, sinon sans interruption, du moins sans obéir un seul moment aux Arcadiens. D'accord ; mais avant Thucydide, c'est-à-dire avant l'époque où commença la domination des Éléens, à l'époque d'Hérodote par conséquent, et un peu auparavant, les Arcadiens, dit Strabon, régnèrent sur la Triphylie. Cette tradition n'avait pas échappé à Pausanias, quoiqu'il n'y croie pas [1] : ἐθέλουσι οἱ Λεπρεάται μοῖρα εἶναι τῶν Ἀρκάδων. Φαίνονται δὲ Ἠλείων κατήκοοι τὸ ἐξαρχῆς ὄντες. *Les Lépréates prétendent appartenir à l'Arcadie, mais il est hors de doute que dès l'origine ils furent soumis aux Éléens*. Pausanias aurait dû reconnaître qu'ils ont à certaine époque appartenu à l'Arcadie. C'est à cette même époque, que je rattache l'existence de mon Scylax, ou, si nous voulons encore laisser de côté l'auteur, quel qu'il soit, c'est là que je place la rédaction du Périple.

Cet argument, si l'on veut, n'est que conditionnel ; mais si une masse suffisante de raisons opère quelque conviction, cet argument, d'abord douteux, deviendra une preuve de plus par l'admission des autres preuves.

5° Scylax [2] place les Chalybes entre les Tibaré-

[1] *Eliac.* I, lib. V, c. v.

[2] Pag. 33, Huds. § LXXXVII, pag. 289 de mon éd.

niens et l'Assyrie, c'est-à-dire la Cappadoce ou Leucosyrie littorale d'Hérodote. Il place les limites occidentales de ses Chalybes, au fleuve Thermodon, au couchant du promontoire Jasonium. Par conséquent, la limite occidentale des Chalybes est environ à vingt-cinq lieues à l'orient du fleuve Halys.

Examinons maintenant quelle a été l'extension du pays des Chalybes à diverses époques; et peut-être cette espèce de chronologie géographique produira-t-elle un résultat favorable à notre opinion.

Du temps de Crésus, 550 ans environ avant Jésus-Christ, les Chalybes s'étendaient au-delà du fleuve Halys, vers le couchant, puisque Hérodote[1] nous dit que Crésus ne poussa pas ses conquêtes au-delà de l'Halys, vers l'orient, et que cependant il compte des Chalybes au nombre des peuples soumis à sa domination. Pomponius Mela avait sans doute en vue la démarcation fixée à cette époque, quand il dit: *Paphlagoniam finit Armene; Chalybes proximi clarissimas habent Amison et Sinopen*[2]. Or, Sinope et Armene sont bien au couchant de l'Halys.

Si, du temps de Crésus, le pays des Chalybes

[1] Lib. I, c. XXVIII.

[2] Lib. I, c. XIX, § IX, éd. Tzschuck.

avait cette extension, d'ou vient que Xénophon leur donne une position géographique si différente? En effet, dans l'Anabase[1], on voit ce peuple, non plus à l'occident des Tibaréniens, mais à l'orient. Ils sont entre les Mossynèques, peuple plus voisin de la Colchide, et les Tibaréniens, devenus pour eux occidentaux.

Ainsi Hérodote, Scylax, et Xénophon, placent diversement les Chalybes.

Consultons maintenant l'histoire, elle nous rendra raison de ces déplacements, en même temps qu'elle servira à fixer la place chronologique de l'écrivain du Périple, ou du moins de cette partie du Périple. Nous avons déja été avertis par Hérodote de la présence des Chalybes à l'occident de l'Halys, du temps de Crésus; mais du temps de Crésus, les Chalybes étaient évidemment en possession d'un aussi vaste territoire, par suite de leurs conquêtes; ils n'étaient pas tous situés à l'occident de l'Halys : mais Crésus n'avait conquis de leur terriroire que cette partie occidentale. Cette extension du pays des Chalybes, n'a pu durer qu'autant que leur puissance. Il vint un moment, où le souverain d'un grand état voisin, le second Cyaxares, réunit sous sa domination la Perse et d'autres provin-

[1] Lib. V, cap. v, init.

ces occidentales. Bientôt les états des Médes touchèrent l'Halys, qui séparait les états de la monarchie des Médes et l'empire des Lydiens [1]. A cette époque les Chalybes, enveloppés dans la conquête générale, ne pouvaient plus donner leur nom aux peuples voisins, et rentraient dans leurs limites naturelles. C'est le pays des Chalybes, restreint durant cette période qui s'écoula entre Crésus et Darius, fils d'Hystaspe; c'est cette circonscription, dis-je, que nous trace Scylax, ou l'auteur quelconque du Périple, que d'autres raisons nous portent déja à placer entre Crésus et Hérodote. Ces limites des Chalybes, données par Scylax, sont les véritables; ce sont celles que nous donne Apollonius de Rhodes [2]. Ce poëte géographe met les Chalybes à l'orient du Thermodon, de Thémiscyre, et de la plaine de Dœan; il les place à l'occident des Tibaréniens, et du cap Génétès. Scylax nomme en effet ce cap Génétès au commencement de sa courte description des Chalybes, auxquels il arrive d'orient en occident.

Passons maintenant à Xénophon. Il est hors de doute, que de son temps il s'était opéré des changements dans les divisions géographiques

[1] Herod., lib. I, 72.

[2] II, 373-377.

de cette partie de l'Asie mineure, baignée par le Pont-Euxin. L'Assyrie, chez cet écrivain, a disparu des bords de la mer. L'armée grecque, après avoir traversé d'orient en occident le pays des Mossynèques, arrive à celui des Chalybes, puis à celui des Tibaréniens, où elle s'arrête à Cotyore, ville encore située sur le territoire tibarénien [1]. C'est ici, c'est à l'orient de la Paphlagonie, que nous rencontrerions l'Assyrie, si elle existait dans Xénophon sur la côte; mais cet historien place immédiatement la Paphlagonie après les Tibaréniens, puisqu'il dit que les Grecs, quittant Cotyore, ville tibarénienne, ἔπλεον ἡμέραν καὶ νύκτα πνεύματι καλῷ, ἐν ἀριστερᾷ ἔχοντες τὴν Παφλαγονίαν [2], *naviguèrent un jour et une nuit avec un vent favorable, ayant à leur gauche la Paphlagonie.* Ainsi l'ordre de ces contrées a été changé [3]. La Colchide s'é-

[1] *Anabas.*, V, c. v, init.

[2] Ibid., lib. VI, I, 14.

[3] Plus bas (VI, II, *init.*), Xénophon place par erreur le cap Jasonium, le Thermodon, l'Iris, et l'Halys, entre Cotyore et Sinope. Il fait arriver les Grecs immédiatement de l'Halys au Parthénius et à Héraclée. Son erreur est d'avoir placé entre Sinope et Héraclée, ce qui est entre Cotyore et Sinope. Du reste Weiske (pag. 222 de son éd.) en a fait la remarque. Mais cela ne doit pas nous faire jeter du doute sur l'exactitude de Xénophon en général. On comprend bien qu'il se glisse quelques erreurs

tend beaucoup plus loin vers l'occident, puisque Cérasus, dans Xénophon, appartenait encore à cette contrée. A cette époque, où la monarchie des Mèdes et des Perses était affaiblie, où les peuples du Pont-Euxin ne reconnaissaient plus, comme du temps de Cyrus, ou même de Darius et de Xerxès, l'autorité du Grand Roi, des guerres avaient éclaté; les Chalybes, autrefois puissants, étaient affaiblis et subjugués par les Tibaréniens, leurs voisins, et jadis humiliés par eux. C'est ce que dit formellement Xénophon, par ces mots :... ἀφικνοῦνται (Ἕλληνες) εἰς Χάλυβας. Οὗτοι ὀλίγοι ἦσαν, καὶ ὑπήκοοι τῶν Μοσυνοίκων.... Ἐντεῦθεν ἀφικνοῦνται εἰς Τιβαρηνούς[1]. Le scoliaste d'Apollonius[2] nous dépeint plus tard cette nation comme anéantie, lorsque, citant l'autorité de Callimaque, il dit que la race des Chalybes a disparu.

Cette nation n'avait donc plus de patrie, ni d'existence, l'an 260 avant Jésus-Christ.

Remarquons sur-tout, que les Chalybes sont

dans la rédaction des notes prises pendant les marches, par un chef d'expédition militaire. De retour chez lui, un faux renvoi, un moment d'inattention suffit pour déplacer certains points géographiques. Mais le reste dans le récit de Xénophon porte un caractère visible de vérité et d'exactitude.

[1] Ibid., lib. V, c. v, init.

[2] Ad lib. I, v. 1323.

transportés à l'orient des Tibaréniens, leurs vainqueurs, tandis que jusqu'alors ils avaient été à l'occident.

Pour conclure, nous voyons donc que Xénophon nous donne de ces côtes une description qui appartient à son époque. Celle que nous donne le Périple, attribué à Scylax, appartient à une époque antérieure à Xénophon, et en même temps, postérieure au règne de Crésus.

Il nous est donc non seulement permis, mais encore prescrit, par les résultats de ce rapprochement, de reconnaître que cette autre portion du Périple de Scylax, décrit l'état des choses au moment des guerres Médiques, époque à laquelle a vécu le Scylax d'Hérodote, qui est peut-être aussi le nôtre.

6° Nous remarquerons en passant, que le Latium et la ville de Rome sont à peine mentionnés dans ce Périple [1], qu'aucune ville n'est nommée comme reconnaissant la domination romaine. Or, Tite Live nous apprend que, jusqu'à l'expulsion des rois, c'est-à-dire, jusqu'à l'an 507 avant Jésus-Christ, Rome n'avait pris sur aucune ville une autorité stable. C'est en 497, que Préneste se détache de la confédéra-

[1] Pag. 3, Huds. § VIII, p. 239 de mon éd.

tion des villes du Latium, et s'attache aux Romains[1]. C'est fort peu de temps après, que les peuples du Latium paraissent soumis pour la première fois par les Romains[2]; et c'est à partir de ce moment, qu'ils leur restent soumis assez long-temps de suite, puisque l'an 492 avant Jésus-Christ, ils demandent aux Romains des secours contre les Èques[3], et se révoltent seulement l'an 374 avant Jésus-Chrit, *post diutinam pacem*, dit Tite Live[4]. Remarquons que, si l'auteur de notre Périple avait vécu beaucoup après Hérodote, et du temps de Philippe, père d'Alexandre, comme le veut M. Niebuhr, il serait presque impossible que le nom romain n'eût pas été plus célèbre, et la domination romaine plus étendue; tandis que, si nous faisons remonter la rédaction de ce Périple à l'âge d'Hérodote, c'est précisément le moment où Rome était encore soumise aux rois, encore resserrée dans son territoire primitif. Il n'est pas étonnant alors, qu'elle figure si peu dans une géographie ancienne. Remarquons encore, que Strabon[5] dit expressé-

[1] Tite Live, liv. II, c. XIX.

[2] Tite Live, *ib.* c. XIX, XX, XXII.

[3] Tite Live, *ib.* c. XXX.

[4] Lib. VI, c. XXXIII.

[5] Lib. V, p. 231, (p. 353, B, ed. Amstel.)

ment que les anciennes limites méridionales du Latium, limites changées plus tard, étaient le cap *Circæum*. Or, ce sont les limites que notre Périple assigne au Latium[1].

Puisque j'ai déduit des limites données par notre Périple à diverses contrées, plusieurs arguments en faveur de son antiquité, c'est ici le moment d'insister sur une remarque qui doit favoriser nos conclusions : c'est qu'il était très facile d'intercaler un nom de ville récente dans un traité de géographie ancienne, parceque les possesseurs des manuscrits avaient une propension à compléter l'ouvrage qu'ils tenaient. Ainsi, l'on ajoutait ou en marge, ou entre les lignes, un nom nouveau, qui passait bientôt pour être sorti de la plume de l'auteur du traité. Mais ce qui était plus difficile, ce à quoi l'on songeait moins, c'était à changer les limites des diverses contrées. Or, c'est de ces limites mêmes, qu'on peut tirer les meilleurs arguments. Quand on écrit un traité méthodique de géographie, à moins qu'on ne soit d'une profonde ignorance, on donne pour chaque contrée les bornes de son temps, et jamais on n'ira taire celles-là, pour donner les anciennes. Or, quand ces anciennes

[1] Pag. 3, Huds. § VIII, pag. 239 de mon éd.

limites existent dans un ouvrage, c'est qu'on n'a pas songé à les en faire disparaître. Elles sont donc une preuve non équivoque d'antiquité. C'est aussi sur celles-là, que nous avons cherché à fonder notre opinion.

7° Scylax[1] dit que l'Ister, se jetant dans le Pont-Euxin, ἐκβάλλει ἐνδιασκεύνως εἰς Αἴγυπτον. A ce mot barbare ἐνδιασκεύνως, Vossius substitue ἐκβάλλει πενταστόμως ὡς Νεῖλος κατ' Αἴγυπτον. Mais substituer πενταστόμως, ὡς Νεῖλος κατ' Αἴγυπτον, à la leçon ἐνδιασκεύνως εἰς Αἴγυπτον, c'est s'éloigner étrangement du texte. Gronovius est-il plus heureux, quand il lit ἐν Δέλτα σκευῇ ὡς εἰς Αἴγυπτον? mais d'abord, un Grec aurait écrit ἐν τῇ τοῦ Δέλτα σκεύῃ, ou plutôt ἐν τῷ τοῦ Δέλτα σχήματι, et non ἐν Δέλτα σκευῇ. Et ensuite, ὡς εἰς Αἴγυπτον n'est pas admissible avec cette correction. Il faudrait corriger ὡς κατ' Αἴγυπτον, comme avait fait Vossius. A ces corrections j'ai préféré celle-ci : ἐνδιασκοπεύων ὡς εἰς Αἴγυπτον ; c'est-à-dire, *l'Ister se jette dans le Pont-Euxin, comme en regardant l'Égypte.* Quand je formais cette conjecture, je n'avais pas vu la version latine que donne Holsténius de ce passage, où il traduit, *fronte quasi ad Ægyptum conversa,* ce qui implique la même correction que la mienne, sans qu'il la donne réellement. Mais toutefois, si je cite ce passage, ce n'est pas

[1] Pag. 7, Huds. § xx, pag. 246 de mon éd.

pour disputer à Holsténius une correction que je lui laisse volontiers, mais pour en tirer une conséquence, qui importe à l'opinion que je cherche à établir; c'est que Scylax, avec cette conjecture, qui est sinon certaine, du moins la plus rapprochée du texte, ne nous parle de l'embouchure de l'Ister, que pour nous dire qu'elle regarde l'Égypte. Que disent tous les autres auteurs anciens, Strabon[1], Apollonius de Rhodes[2], Étienne de Byzance[3], Ptolémée[4], Denys le Périégète[5], Pline[6], Festus Aviénus[7], Priscien[8]? Tous se taisent sur cette circonstance, que l'Ister regarde le midi à son embouchure, et tous parlent de l'île *Peucé*, île triangulaire, qui est formée par les bouches de l'Ister. Xénophon[9] va même jusqu'à appeler deux fois cette île, le Delta de la Thrace.

Un seul écrivain, un historien très ancien,

[1] Lib. VII, pag. 472, fin. ed. Amstel.

[2] Lib. V, v. 309, 310.

[3] Voc. Πεύκη.

[4] Lib. III, c. x.

[5] V. 301.

[6] Lib. IV, c. xii.

[7] *Descript. orb.*, v. 440.

[8] *Perieges.*, v. 290.

[9] *Anabas.*, lib. VII, c. i, tom. IV, p. 437, éd. de J. B. Gail. — Ibid., cap. v, pag. 498.

Hérodote, que je me plais à comparer à mon auteur pour les détails géographiques, Hérodote, en parlant de l'Ister, ne mentionne pas l'île triangulaire Peucé, peut-être parcequ'alors elle n'avait pas cette forme remarquable; car il n'aurait pas manqué d'en parler, lui qui, à plusieurs reprises, compare le Danube au Nil. Il se contente de dire (IV, 99) que *l'Ister à son embouchure regarde l'Eurus* (le sud-est). Ce fleuve ne lui offre ici aucune autre particularité. D'où vient donc que, chez les auteurs anciens, deux seulement se taisent sur la même circonstance, et au contraire font seuls une remarque, à laquelle tous les autres n'ont pas songé, tandis que les géographes plus modernes qu'Hérodote, insistent sur la forme de l'île Peucé? C'est que ces deux auteurs sont tous les deux anciens; c'est qu'Hérodote a peut-être emprunté à Scylax ce détail géographique, qui plus tard fut négligé par les autres, parceque la forme nouvelle et remarquable de l'île Peucé, attirait davantage leur attention. (*Voy. note à la fin.*)

8° Voici un autre argument, non moins important, que m'indique le major Rennell, dans sa Géographie d'Hérodote[1], et que M. Letronne[2]

[1] Pag. 524.

[2] Trad. franç. de Strab., t. V, p. 359.

a mis dans un meilleur jour, et sur-tout, pour en tirer de nouvelles conséquences déduites de la comparaison des textes. Dans notre Périple, Canope n'est point nommée comme *ville*, mais comme *île* : Ἐπὶ δὲ τῷ στόματι τῷ Κανωπικῷ ἔστι νῆσος ἐρήμη, ᾗ ὄνομα Κάνωπος. *A l'entrée de l'embouchure Canopique est une île déserte, appelée Canope.* « En effet, dit « M. Letronne, rien n'empêche de croire que « toute l'extrémité de la langue de terre, à par- « tir du golfe de Canope, fut jadis une île, que « des attérissements, peut-être même des terres « rapportées, ont par la suite réunie au conti- « nent par un isthme, qui maintenant a quatre « ou cinq cents métres de largeur.

« D'une autre part, il est certain que la ville « de Canope existait avant l'an 450, époque à la- « quelle a été écrite la tragédie du *Prométhée lié* « d'Eschyle, où cette ville est désignée (v. 845) « en ces termes : »

Ἔστιν πόλις Κάνωβος ἐσχάτη χθονός,
Νείλου πρὸς αὐτῷ στόματι καὶ προσχήματι.

Hérodote, en outre, qui voyageait en Égypte en 460 avant Jésus-Christ, vit également la ville de Canope. Donc un géographe qui donne une île, là où tous les autres depuis placent une ville continentale, est évidemment antérieur à tous.

M. Letronne tire de sa courte dissertation sur ce passage, et du rapprochement de plusieurs autorités, la double conclusion, 1° que, vers l'an 520 avant Jésus-Christ, la ville de Thonis, mentionnée par Scylax, subsistait encore, mais que Canope, qui en prit la place, n'existait pas encore; et 2° que, vers l'an 460 avant Jésus-Christ, Thonis n'existait plus, et que Canope, *ville,* existait déja.

Ainsi M. Letronne me fournit une nouvelle preuve d'une antiquité qu'il a très bien remarquée dans ce passage, mais qu'il aurait remarquée dans beaucoup d'autres, s'il avait eu occasion de les discuter, et qui l'auraient porté à penser de l'ensemble du Périple, ce qu'il pense d'un détail isolé.

9° Je vais maintenant plutôt proposer une question délicate, que présenter une argument *a fortiori*, de l'antiquité du Périple de Scylax. Si pourtant ma conjecture pouvait avoir quelque fondement aux yeux des juges compétents, je me prévaudrais encore de cette conjecture, qui deviendrait alors un indice de plus.

Scylax, arrivé de l'Arcadie littorale à la Messénie, dit, au moins dans le texte brut, tel que nous l'avons : μετὰ δὲ Ἀρκαδίαν ἔστιν ἔθνος Μεσσήνη, καὶ πόλεις ἐν αὐτῇ αἵδε· Πρώτη Μεσσήνη καὶ λιμὴν Κυπάρισσος...[1] Paulmier remarque ici, que la ville de Messène n'a pas existé avant Épaminondas; donc le passage de Scylax est corrompu. Sur-tout, le géographe, ajoute-t-il, n'a pu passer sous silence *Pylos*, et il corrige : Πρώτη Μεσσήνης Πύλος, καὶ λιμὴν Κυπάρισσος. M. de Sainte-Croix corrige autrement; il renverse la phrase et propose de lire, Πρώτη Κυπάρισσος καὶ λιμὴν, Πύλος Μεσσήνη etc.[2]. Ici ce savant emploie le substantif Μεσσήνη, dans le sens d'un adjectif, comme dans cette locution ἑλλὰς φωνή, ἑλλὰς στολή. Mais, avant de corriger, voyons si le texte ne peut pas subsister tel qu'il est. Les modernes ne veulent pas qu'il ait existé de ville de Messène avant Épaminondas; bien plus, Strabon et Pausanias affirment qu'il n'en a pas existé, et Diodore semble dire à-peu-près la même chose. Ces autorités sont formidables; mais j'oserai m'élever contre elles. N'est-il pas très possible, en effet, qu'un écrivain ancien ait douté de l'existence d'une petite ville grecque, qu'il ait dès-lors affirmé qu'elle n'avait pas existé, que d'autres aient répété la même chose, et qu'il se soit

[1] Pag. 16, Huds. § XLVI, pag. 262 de mon éd.
[2] *Mém. de l'Ac.*, t. XLII, pag. 373.

établi depuis, une opinion contraire à la vérité? Une petite ville, bâtie sur une côte, qui fut le théâtre de fréquentes incursions et de fréquents ravages, n'a-t-elle pas pu être anéantie et oubliée, sur-tout quand des voisins puissants et ombrageux avaient intérêt à faire disparaître les traces de l'ancienne existence politique d'une contrée vaincue et soumise? La pauvre cité de Messène, si elle a existé, n'était pas grande comme Rome, Constantinople, ou Alexandrie. Quelques maisons chétives sont bientôt détruites, et l'histoire, qui est bien loin de tout dire, peut n'avoir pas consigné la ruine d'un hameau.

D'ailleurs, que dit Pausanias? il cite [1] un passage de l'Odyssée, où il est dit qu'Ulysse fut reçu ἐν Μεσσήνῃ, ἐν οἴκῳ Ὀρτιλόχοιο [2]; et plus bas, que les *Messéniens* enlevèrent des troupeaux. Pausanias conclut de ce passage, que Μεσσήνη est ici la province et non une ville, d'autant plus que le fils d'Ortilochus, qui habitait ἐν Μεσσήνῃ, habite ἐϋκτιμένῃ ἐνὶ Φηρῇ. Or, selon lui, *Phère* est la ville, *Messène* la province. Mais la conclusion n'est pas rigoureuse. Ortilochus peut très bien résider dans une bourgade appelée Messène, et son fils

[1] Lib. IV, c. 1.

[2] Odyss. XXI, v. 15.

Dioclès dans une autre appelée Phère. Ensuite Pausanias observe que Messène n'est pas citée comme ville dans le Catalogue des vaisseaux, et il en tire encore une fois la conséquence, qu'il n'existait pas alors de ville de ce nom. Mais *Messèné* pouvait bien n'être avant Homère qu'un très étroit territoire, autour d'une très chétive métropole; sans doute le nom de Messénie n'avait pas alors gagné les alentours. On voit dans Homère les petits royaumes de Pylos, et des Épéens, ou Éléens, et un côté de l'Arcadie, morceler ce qui fut depuis la Messénie. Strabon [1] rapporte que *Messé* ou *Messoa*, était placée par quelques uns en Laconie; c'est que la domination des Lacédémoniens, s'étendant à diverses époques, donna occasion de douter si certains lieux de la Messénie n'appartenaient pas à la Laconie, parceque cette dernière contrée envahissait des portions de l'autre. Homère a donc pu omettre une contrée, qui n'était peut-être alors qu'un territoire feudataire du petit état de Pylos.

Pausanias nous donne du mot Messénie une étymologie, qu'on appréciera comme on voudra, mais qui à coup sûr ne s'accorde pas avec

[1] Pag. 559, fin. ed. Amstel.

la nature des choses : *Polycaon et Messèné*, dit-il, *vinrent dans ce pays*, καὶ συμπάσῃ μὲν ἐτέθη τῇ γῇ Μεσσήνη τὸ ὄνομα ἀπὸ τῆς Πολυκάονος γυναικός[1]. Je veux bien que la femme du roi Polycaon ait donné son nom à un territoire quelconque; mais ce n'est pas subitement qu'une telle dénomination s'étend au loin. Nous autres modernes, qui ne créons pas si facilement des noms de héros pour en doter une province[2], nous pouvons rester dans un doute sage sur des antiquités aussi éloignées de nous, et dépourvues de documents sûrs. Une princesse nommée *Messèné*, a pu donner son nom à une ville; mais je ne puis me dissimuler que le mot Μεσσήνη rappelle l'adjectif μέσος, (poét. μέσσος), et qu'il paraît identique avec lui par sa racine. Alors Messène signifierait *territoire du milieu*[3],

[1] Lib. IV, c. 1.

[2] Il ne faut pas croire ici que je conteste aux traditions mythologiques ce qu'elles ont de précieux; elles sont souvent le seul indice historique de quelques faits cachés dans la nuit des temps : mais je pense qu'il faut les consulter avec discernement, sur-tout présenter en leur faveur des inductions historiques, et faire ressortir de leur contenu une vraisemblance quelconque. Voyez à ce sujet les saines réflexions critiques de M. Raoul-Rochette, dans ses *Considérations générales*, en tête de l'Histoire des Colonies grecques, pag. 7—10. Voy. aussi *Mém. de l'Instit.*, t. II, pag. 408—410.

[3] *Voy. note à la fin.*

peut-être parceque cette petite contrée était entre les belliqueux Épéens et les Pyliens, ou quelque autre peuple, qui se disputaient la possession d'un terrain, la proie tour-à-tour du plus fort et du plus turbulent. S'il était permis d'avoir cette idée, la Messénie n'aurait été dans l'origine que le théâtre et l'objet des plus tristes débats, comme elle fut presque toujours condamnée à l'esclavage et à l'humiliation. Quoi qu'il en soit, il est à croire que le territoire ne prit son nom que d'un chef-lieu, et qu'il y eut une Messène avant une Messénie.

Je laisse de côté Strabon, parceque Pausanias, l'écrivain des antiquités grecques par excellence, était le plus important à examiner, et que d'ailleurs le sentiment de Strabon ne diffère pas de celui de Pausanias. Je laisse aussi Diodore, dont le texte équivoque semble éluder de prononcer, s'il exista une ancienne ville de Messène, ou non. Il se contente de dire qu'Épaminondas ἔκτισε τὴν Μεσσήνην,... καὶ ἀνέσωσε πόλιν ἐπίσημον ἑλληνίδα [1]. Tzschucke [2] conclut à tort de ce passage que Diodore affirme qu'il y a eu une ancienne ville de Messène; πόλιν ne signifie ici que le corps des citoyens. (*Voy. note à la fin.*) En tout cas, le pas-

[1] Diodor., lib. XV, 66, t. II, pag. 54, Wesseling.

[2] Ad Melam not. exeg., lib. II, pag 237.

sage de Diodore fait suite à l'opinion établie, et n'a pas d'autorité particulière.

Scylax ajoute dans cet endroit une circonstance curieuse; il cite Ἰθώμη comme une *ville* à part. Or, si Ithôme est une ville, Messène ne peut occuper le même emplacement qu'elle; car on sait que la Messène d'Épaminondas était attenante au mont Ithôme. Ajoutez que notre Périple place cette ville à l'entrée de la Messénie, du côté de l'Élide, et qu'il en fait une cité presque maritime dont Cyllène est le port. Il est curieux encore que Ptolémée la mette au nombre des villes maritimes. Cellarius [1] l'accuse ici d'erreur; mais si Ptolémée se trompe, ce n'est pas en ce qu'il appelle Messène ville maritime, mais en ce qu'il met la Messène maritime sur la même côte que la dernière, et en ce qu'il ne distingue pas deux cités du même nom.

En dépit de leur opinion préjugée, les anciens nous donnent des indices pour entrevoir l'existence d'une ancienne Messène. Que penser de ce passage d'Étienne de Byzance : Μεσόλα, πόλις Μεσσήνης, μία τῶν πέντε? Quelle est cette ville *Mesola, l'une des cinq de la Messénie?* Rendez raison de cette ville? Est-elle postérieure à Épaminondas?

[1] *Geogr. ant.*, t. I, p. 765.

N'a-t-elle pas bien l'air d'être une forme de l'ancien nom de Messène, cité? Voyez Strabon[1] se démêler comme il peut, au milieu des formes Μέσση, Μεσσόα, Μεσσήνη. Que de confusion de moins, en admettant l'existence d'une ancienne ville, métropole de la Messénie!

Je suis le premier à reconnaître et à déclarer que Tzschucke, dans ses notes sur Pomponius Mela[2], a émis la conjecture, qu'il pouvait avoir existé une ancienne et une nouvelle Messène. Mais c'est en prêtant au texte de Diodore un sens affirmatif, qu'il n'a pas; et d'ailleurs ce n'est qu'une idée jetée en passant; ou, pour mieux dire, le mérite de Tzschucke est d'avoir, selon son usage, cité tous les passages relatifs à cet endroit de son auteur, et d'en avoir vu deux, celui de Scylax et celui de Ptolémée, qui semblaient ne pas concorder avec les autres. S'il eût trouvé quelque importance à la question, il l'eût traitée et établie. C'est à celui qui consolide un point de critique négligé, qu'appartient le petit honneur de la découverte. C'est ainsi que la théorie des verbes moyens appartient en grammaire à Küster, quoiqu'un savant de son temps ait prétendu que leur valeur avait déja été pres-

[1] Pag. 559, ed. Amstel.

[2] Ad., lib. II, not. exeg., p. 237.

sentie par un de ses devanciers[1]; et pour citer deux exemples semblables, qui me reviennent à l'esprit, le sens géographique d'ἐπὶ τῆς Θρᾴκης, dans Thucydide, dénomination propre à une seule époque, a été établie et développée par mon père[2], quoique M. Hermann, dans les Idiotismes de Vigier[3], cite Gatterer comme l'ayant déja indiquée. Enfin, lorsque M. Saint-Martin a démontré l'importance de la leçon ἀπὸ Μοίριδος au lieu d'ἀπὸ μυριάδος dans Diodore[4], l'attribuera-t-on à Wesseling, parceque ce grand éditeur dit quelque chose de l'autre leçon? Non : le système chronologique de Diodore est démêlé et fixé par le savant, qui le discute, et l'appuie du concours de Manéthon et de la version arménienne de ce fragment de Diodore. Voy. *Journal des Sav.*, 1823, pag. 562, 563.

Pour revenir à Scylax, j'ai donné neuf preuves de l'ancienneté de son Périple; elles sont de nature à n'avoir pas été interpolées, tandis que, si ce Périple renferme quelques détails appartenant à une époque postérieure, ils sont de nature à avoir pu être interpolés. Je dis plus, il

[1] Cf. Bowyeri præf. ad Küst. *de vero usu verb. med.*

[2] *Mém. de l'Instit. Inscript. et b. l.*, t. V, pag. 41.

[3] Pag. 859.

[4] Lib. I, c. XLIV, pag. 53, ed. Wessel.

est impossible qu'un traité de cette nature n'ait pas reçu d'additions. Ce n'est donc pas à un mot isolé qu'il faut s'attacher; or, c'est ce qu'ont fait jusqu'à présent, plus ou moins, tous ceux qui ont cherché l'âge du Périple de Scylax. M. le baron de Sainte-Croix, il est vrai, a déja soutenu la même thèse; mais n'ayant pas fait un travail approfondi sur le texte, il n'en a pas tiré tout le parti possible; et M. Niebuhr a attaqué ses raisonnements, sinon victorieusement, du moins de manière à laisser la question indécise. J'apporte de nouveaux arguments, qui seront peut-être atténués par d'autres; c'est le sort auquel sont exposées toutes les recherches. Mais je doute, je l'avoue, qu'on puisse compter pour rien les traces d'antiquité que j'ai fait ressortir de ce Périple. Maintenant, je regarde comme interpolés, les mots Θουρία, au lieu de Σύβαρις, de σκέλη [1] pour

[1] D'autant mieux que Plutarque (in *Cim.*, t. I, p. 487, ed. Ruald.), Strabon (lib. IX, p. 392 et 395), et Polyen (*Stratag.* I, 40, § III, pag. 29, ed. Coray), se servent les premiers de σκέλη dans le style sérieux, pour désigner les longs murs; que Thucydide et Xénophon les appellent par la seule dénomination de μακρὰ τείχη, et qu'Aristophanes le premier (*Lysistr.*, v. 1172) les appelle σκέλη, sans qu'il soit nécessaire d'en conclure que ce terme fût alors admis géographiquement. Ce n'est peut-être chez lui qu'une de ces comparaisons burlesques, qu'il imaginait souvent.

désigner les longs murs du Pirée, qui n'existaient pas avant la guerre du Péloponnèse. Joignez-y *Amphipolis*, et enfin *Thronium* et *Cnemis*, que le Périple dit appartenir à la Phocide, tandis que, du temps de Scylax, elles appartenaient à la Locride; vous aurez réuni à-peu-près [1] toutes les concessions qu'on peut faire à ceux qui trouvent dans Scylax des indices d'une époque récente, et qui en tirent des conclusions trop étendues.

Je crois donc que l'auteur de ce Périple peut etre le même que le Scylax mentionné par Hérodote, et j'incline fortement à le penser. Mais voici une autre objection, qui n'a été faite jusqu'à présent par personne, que je sache. Le Périple est écrit dans le second dialecte attique, non dans celui de Thucydide, d'Aristophanes, et de Platon, mais dans celui de Démosthènes, de Xénophon, où l'on ne trouve guères ξύν au lieu de σύν. Ou bien le dialecte attique n'existait pas encore du temps d'Hérodote, et ne s'était pas détaché du dialecte ionien, ou il devait avoir à cette époque les caractères distinctifs qui rendent Thucydide différent des écrivains postérieurs. J'avoue que c'est là une forte objection;

[1] Au sujet des Celtes, voy. pag. 8 et 15; au sujet de Naupacte, voy. pag. 63.

c'est même plus qu'une objection, c'est un fait. Mais voici comment je chercherai à maintenir notre Périple au degré d'antiquité qu'on est obligé de lui reconnaître d'après plusieurs détails positifs. Je n'ai aucune répugnance à croire que ce Périple, en sortant des mains de Scylax, et en circulant dans plusieurs villes de la Gréce, ait subi, à mesure qu'il était transcrit, des modifications de dialecte. Quand un texte ne contient guère que des dénominations géographiques, quand il n'est que l'équivalent d'un livre de postes, il est très croyable que chaque copiste raméne les expressions à son dialecte familier. S'il était question d'un poëte, ou d'un écrivain dont le style constitue l'existence, il serait de toute rigueur de croire qu'on l'a respecté : mais un manuel géographique, un catalogue de noms, est du domaine général. Encore, si plusieurs exemplaires de ce Périple, je veux dire des manuscrits très anciens, et non copiés les uns sur les autres, nous étaient parvenus, je ne doute pas qu'on n'y vît des différences de dialectes. Du reste on rencontre une fois dans Scylax ἐς[1], au lieu de la forme εἰς.

Je pense donc que le dialecte, dans lequel est

[1] Pag. 4, Huds. § XIII, init., pag. 241 de mon éd.

écrit le texte, n'est pas un obstacle à la conclusion que nous avons tirée de nos recherches. L'important est de faire prédominer, dans une semblable question, la masse des arguments les plus nombreux, sur-tout lorsqu'ils sont d'une nature à frapper un esprit attentif, et lorsqu'on ne leur oppose que quelques indices moins nombreux, et qui, par la nature des choses, permettent de supposer une interpolation. Car enfin je ne comprends pas qu'un livre de ce genre n'ait pas reçu d'intercalations légères; s'il en a reçu, il faut bien qu'elles soient quelque part. Or, où les reconnaîtrons-nous le mieux, si ce n'est dans quelques endroits, où elles font disparate avec l'ensemble du tableau?

Je termine donc, en concluant que le Périple attribué à Scylax, est très probablement sorti de la plume du Scylax d'Hérodote; qu'il a été rédigé à la fin du sixième siécle, ou au commencement du cinquième avant Jésus-Christ; et qu'il n'a subi qu'un très petit nombre d'altérations inévitables, que du reste je signale de mon mieux dans mon édition.

NOTES.

Note relative à la pag. 44.

Hérodote (IV, 99) dit : ὁ Ἴστρος... πρὸς εὖρον ἄνεμον τὸ στόμα τετραμμένος, *l'Ister regardant le Sud-Est à son embouchure.* Scylax va plus loin, mais suit la même idée, en disant que l'embouchure de l'Ister fait face à l'Égypte. Cette espèce de *longitude*, établie entre deux points éloignés, paraît déceler la doctrine plus récente d'Ératosthènes et des mathématiciens d'Alexandrie. Mais cette remarque a pu être produite très naturellement par la simple inspection du pole boréal. On avait observé dès-lors, qu'un vaisseau, partant de l'Égypte, pour aller en Cilicie, remontait droit au Nord. La seule vue de la grande ou de la petite Ourse, suffisait pour faire naître cette idée. On calculait ensuite très facilement, quoique par approximation, qu'un vaisseau faisait carrément le tour de l'Asie mineure, se dirigeant vers l'Occident, pour aller à Rhode; au Nord, pour gagner l'Hellespont; et qu'ensuite on faisait, pour gagner la hauteur de l'embouchure du Danube, dans le Pont-Euxin, à-peu-près le même chemin d'Occident en Orient qu'on avait fait d'Orient en Occident à partir de la Cilicie montagneuse, jusqu'à Rhode. On en pouvait conclure très naturellement, qu'une ligne presque droite, partant du Nil, irait toucher du côté du Nord, l'embouchure de l'Ister, qui fait un coude vers le Midi. Ceci n'est pas une vaine conjecture; car Hérodote lui-même fait un calcul équivalent, et nous donne en quelque sorte l'explication de la remarque de Scylax relative à l'Ister, où l'on verrait peut-être l'usage anticipé d'une science mathématique propre à des siècles plus récents. Hérodote (II, 34) nous dit *que l'Égypte est à-peu-près en face de la Cilicie montagneuse;* que, *de là à Sinope, ville située sur le Pont-Euxin, il y a une route de cinq journées, en ligne directe;* enfin, *que Sinope est vis-à-vis l'embouchure de l'Ister.* De là, se tire sans peine la conclusion, que l'embouchure de l'Ister fait face à l'Égypte. Scylax, ou l'auteur dont Scylax tient ces renseignements, aura raisonné de même. Ce passage d'Hérodote nous donne la clef des procédés bien simples, dont usaient les géographes de cette époque, pour établir leurs notions tout-à-fait *empiriques.*

Note relative à la page 50.

Si Messène signifiait *territoire du milieu*, cette dénomination n'aurait rien d'étonnant; car elle se retrouve dans plusieurs contrées. Sans parler de *Mittaw*, qui signifie *ville du milieu*, de *Middelbourg*, de *Middletown*, et d'une foule de noms semblables, arrêtons-nous à *Milan*, ou *Mediolanum*, ville qui s'appela ainsi, parce-qu'elle est dans l'intérieur des terres, et même assez éloignée de tout grand fleuve. Voy. *Moréri*, art. *Milan.* Dans Scylax, Messène, quoique voisine de la mer, peut être considérée comme *ville de l'intérieur*, par opposition à Cyllène, qui est qualifiée de port de Messène. Du reste, des traditions auront célébré la gloire de Polycaon: il est possible que sa femme, quel qu'ait été son vrai nom, l'ait donné à une cité naissante; que cette dénomination ait cédé la place à une autre, toute relative et toute locale; qu'on se soit rappelé cependant, que la femme de Polycaon avait donné son nom à la ville, et qu'on en ait conclu, après coup, que cette princesse s'appelait *Messéné*. On peut tout supposer, il est vrai; mais je ne me permets ces conjectures, que pour me rendre compte d'une étymologie toute grecque, et d'une tradition qui semble défigurée; car ce détail n'importe pas au fond de la question.

Note relative à la page 51.

Dans le passage où Diodore a paru affirmer qu'il avait existé une ancienne Messène, πόλις ne signifie que le *peuple messénien*, *son existence politique*. Je suppose même qu'on persistât à voir dans cette expression ἀνέσωσε πόλιν ἐπίσημον, le sens de *ville*, on n'en pourrait encore rien conclure contre le sens que je donne au passage en général. Dans le mot ἀνέσωσε, le verbe ἔσωσε régirait directement πόλιν, et la préposition ἀνά, qui marque réitération, se rapporterait dans la pensée à la *nation messénienne*, et non au mot πόλιν, qui suit le verbe. *Il releva comme ville*, *une Messène*, *qui avait été asservie comme province*. Chez tous les peuples, et chez les meilleurs écrivains, il y a de ces petites inexactitudes de diction. Ce qui prouve que Diodore doit être entendu ainsi, c'est tout le contexte (XV, 66). Épaminondas vainqueur, συνεβούλευε τοῖς τε Ἀρκάσι καὶ τοῖς ἄλλοις συμμάχοις οἰκίσαι τὴν Μεσσήνην, πολλὰ μὲν ἔτη γεγενημένην ἀνάστατον..., *conseilla aux Arcadiens et aux autres alliés*, *de* COLONISER MESSÈNÉ, *anéantie durant de longues années*. Je traduirais οἰκίσαι τὴν Μεσσήνην, par *instaurare Messeniam*. Si Diodore eût voulu dire Messène, *ville rétablie*, il aurait écrit ἀνοικίσαι. Plus bas il ajoute : ἀνεζήτησε τοὺς ὑπολελειμμένους τῶν Μεσσηνίων, *revocavit superstites Messenios*. Il emploie ici en composition la particule itérative ἀνά, parcequ'il s'agit des Messéniens, comme peuple. Puis : ἔκτισε τὴν Μεσσήνην *il fonda Messène*, et non pas *refonda*. C'était pourtant là le véritable lieu où devait se trouver l'idée de *rebâtir*, s'il était question d'une réédification de ville jadis démolie. Enfin Diodore résume l'œuvre entier de la politique d'Épaminondas, par ces mots : καὶ τὴν χώραν ἀνοικοδομήσας, ἀνέσωσε πόλιν ἐπίσημον ἑλληνίδα, *et ayant regarni d'habitations le territoire* (c'est-à-dire la province Messénienne), *il releva une cité grecque célèbre*. On voit par l'ensemble du passage, que mon interprétation d'ἀνέσωσε πόλιν, n'est pas subtile; et que, dans l'idée de Diodore, Épaminondas relève la Messénie entière, en bâtissant Messène pour la première fois, mais qu'il ne relève pas, à la lettre, *la ville de Messène*. D'ailleurs le sens propre de πόλις, celui *de petit état*, est trop connu, pour que son application puisse choquer ici. *Cf. not.* 193 *et* 572 *ad Scyl.* Du reste, il n'est pas inutile de remarquer l'emploi de κτίζειν νῆσον ou χώραν, dans le sens de *peupler une contrée, une île*. Voy. Siebelis (*Symbol. crit.*, page 106.) à l'occasion de ce passage d'Apollodore : Ἀθάμας δὲ, ΚΤΙΣΑΣ ΤΗΝ ΧΩΡΑΝ, Ἀθαμαντίαν ἀφ' ἑαυτοῦ προσηγόρευε (*Biblioth.* I, c. 9, §. 2.)

Note supplémentaire.

Je pourrais encore faire valoir comme présomptions en faveur de l'antiquité du Périple, 1° que la dénomination τὰ ἐπὶ τῆς Θράκης, qui sert à Thucydide et aux écrivains contemporains, pour désigner les possessions Athéniennes en Thrace, depuis Périclès jusqu'à Philippe, ne se trouve pas une seule fois dans Scylax : si ce Périple avait été rédigé dans la première moitié du régne de Philippe, comme le pense M. Niebuhr, il n'est pas croyable que cette locution n'eût pas été employée.

2° Scylax, en parlant de l'île de Ténédos, mentionne l'astronome Cléostrate, célèbre par l'invention d'un almanach. Pourquoi le nomme-t-il? Parceque cet astrologue vivait environ 580 ans avant Jésus-Christ, et que antérieur de peu à Scylax, il laissait des souvenirs récents. Si notre géographe eût vécu plus tard, il aurait eu à nommer plusieurs savants ou astronomes, et n'eût pas fait particulièrement attention à celui-là. Je dois cette dernière conjecture à M. Saint-Martin. Voy. aussi *Mém. de l'Ac.*, t. XLII, pag. 362, 363.

Je ne dois pas taire que Naupacte, placée par les uns en Étolie, par les autres en Locride, est mise par Scylax en Étolie; et que Strabon (p. 653, B) dit que Philippe *adjugea aux Étoliens cette ville appartenant d'abord à la Locride.* Mais rien ne dit qu'avant Philippe, Naupacte n'ait appartenu aux Étoliens à certaines époques. Il y a plus, cette idée d'*adjuger* prouve qu'il y avait eu débats et contestation entre les deux peuples voisins. Ainsi, tandis que Thucydide (I, 103) place Naupacte dans la Locride, Scylax la met en Étolie, et c'est peut-être encore un indice de l'ancienneté du Périple.

NOUVELLES RECHERCHES

SUR

L'ORIGINE DE MESSÈNE,

ET CONJECTURES

SUR L'ORIGINE DES VILLES DE SOLES

EN CHYPRE ET EN CILICIE.

En examinant encore l'opinion que j'émettais sur la ville de Messène[1], j'ai senti ma conviction s'augmenter encore. L'esprit ne peut se faire à l'idée que la Messénie doive son nom à la femme de Polycaon, appelée *Messené*, dit Pausanias. A chaque pas, les anciens nous offrent de ces origines, dont la frivolité est évidente; et c'est par des jeux poétiques qu'ils ont quelquefois rendu compte des antiquités de leur pays. Ces mensonges poétiques sont, j'en conviens, l'enveloppe de quelques vérités; mais si les Grecs ont, dans leurs fictions, représenté la vérité nue, nulle part elle ne l'est moins que dans l'Archéologie de quelques-uns de leurs auteurs, qui ont

[1] *Vid. supr.*, p. 47-53 et p. 61.

trop écrit sous l'influence de l'esprit poétique, tandis qu'il ne fallait que dépouiller des faits.

Ce n'est pas que leurs auteurs ne fassent des promesses de jugement et de critique; mais, dans l'application, il leur arrive souvent de ne pas les tenir. Strabon pose bien en principe qu'il faut de la critique dans la comparaison des lieux décrits par Homère et de l'état actuel de ces mêmes lieux. *Homère,* dit-il, *parle en poète, et d'ailleurs retrace une ancienne géographie :* τὰ δ' Ὁμήρου σκέψεως δεῖται κριτικῆς ποιητικῶς λέγοντος, καὶ οὐ τὰ νῦν, ἀλλὰ τ' ἀρχαῖα, ὧν ὁ χρόνος ἠμαύρωκε τὰ πολλά [1]. Cependant nous avons montré plus haut [2], qu'il avait parlé avec une prévention contraire à cette bonne résolution, au sujet de l'ἤπειρος d'Homère. Toutefois je suis loin de regarder Strabon comme un auteur à signaler pour le manque de jugement et de critique. J'ai la même opinion d'Hérodote, écrivain qui semble ne pas vouloir se mettre au-dessus des opinions de son temps, et s'abstient quelquefois de condamner des traditions frivoles; mais qui pourtant a une sorte de critique dans la composition de ses récits, et sur-tout une grande véracité. Cependant Hérodote tombe aussi dans la manie des origi-

[1] VIII, init. p. 513, A.

[2] Pag. 19-23.

nes imaginaires, par exemple, lorsqu'il fait descendre les Scythes et les Celtes de deux fils de l'Hercule thébain [1], et dans ces deux passages, justement censurés par M. de Sainte-Croix [2], où le père de l'histoire prétend que les Médes doivent leur nom à Médée, qui passa chez eux en partant d'Athènes [3], et que les Perses doivent le leur à Persée [4]. J'emprunterai au même savant [5] la conséquence juste qu'il en tire : *Quand on voit d'illustres écrivains, savants, éclairés, et doués du plus grand sens, donner dans de pareilles futilités, que faut-il penser de ces hommes obscurs....?*

Je renverrai encore à ce qu'il dit de la fondation de Canope, attribuée par la vanité des Grecs à un prétendu Canopus, pilote de Ménélas [6]. De tous les anciens, Aristide [7] est le seul qui relève cette tradition absurde. Une erreur semblable rapportait aux Grecs l'honneur d'avoir fondé Héliopolis [8].

[1] Hérod. IV, 108. Voy. à ce sujet M. Raoul-Rochette, Hist. des Col., t. I, p. 10.

[2] *Mém. de l'Instit.* tom. II, p. 409.

[3] Hérod. VII, 62.

[4] Ib. c. 61.

[5] Loc. cit. p. 411.

[6] Loc. cit. p. 410. Cf. not. 645, ad Scylac.

[7] *Orat. Ægypt.* tom. II, p. 359, 360, Jebb.

[8] Diod. Sic. V, 56, cité par M. de Sainte-Croix; *l. c.*

Il est des écrivains graves, tels que Polybe [1] et Denys d'Halicarnasse, qui ont réellement étudié les antiquités ; mais il en est aussi qui, avec d'autres titres de gloire incontestables, paraissent avoir négligé cette partie historique si importante. On pourrait peut-être, sans mettre Thucydide au nombre de ces écrivains, hasarder de dire que, dans son premier livre, il est loin de s'élever comme antiquaire, à la hauteur où il est parvenu comme politique. Je pourrais citer ici le témoignage d'un érudit, qu'une étude spéciale a porté à penser ainsi du grave Thucydide. Mais il en est d'autres qui paraissent n'avoir fait que transporter dans leur prose, comme documents authentiques, les vers des poètes, mêlés de fictions et de récits véritables. De ce nombre est Apollodore, dont les généalogies sont, au jugement de plusieurs savants et entre autres de M. Raoul-Rochette [2], défigurées en grande partie par des fables. Pausanias tombe souvent dans le même travers ; et, en général, on voit qu'il fait très peu d'efforts pour s'en ga-

[1] Polybe a été contraint de censurer souvent les auteurs qu'il consultait, et entre autres Timée, historien léger. Voyez M. de Sainte-Croix, Mém. de l'Instit. t. II, p. 405, 406.

[2] Hist. des Col. t. I, p. 114 et 126.

rantir. Ainsi l'origine du nom de Messénie, qu'il tire de celui de *Messèné*, épouse de Polycaon, me paraît être de même nature que celle de l'Attique *tenant son nom d'Acté, premier roi de l'Attique, dont Cécrops épousa la fille*[1]. Plus bas[2] il ajoute avec autant de fondement, que la princesse Atthis donna son nom à l'Attique; or il est évident que le nom de l'Attique, venant d'ἀκτή, est une dénomination toute topographique, comme *Messène,* dont il a voulu faire un nom de femme, antérieur à l'existence de la *Messénie*, contrée. Pausanias est de la même force que quelques scholiastes peu difficiles, quand il nous fait des généalogies comme celle de *Gorgophone, fille de Persée*[3], comme si le mot lui-même n'exprimait pas que la mort de la Gorgone Méduse a été poétiquement personnifiée, ainsi qu'Épaminondas personnifiait les batailles de Leuctres et de Mantinée, comme ses deux glorieuses filles. Pourtant Pausanias fait un peu l'esprit fort, quand il dit[4] : Λέγεται μὲν δὴ καὶ ἄλλα οὐκ ἀληθῆ παρὰ τοῖς πολλοῖς, οἷα ἱστορίας ἀνηκόοις οὖσι, καὶ ὁπόσα ἤκουον εὐθὺς ἐκ παίδων ἔν τε χοροῖς καὶ τραγῳδίαις πιστὰ ἡγουμένοις, *Cette fausseté et d'au-*

[1] Pausan. I, c. II.
[2] Ib. pag. 7, fin. ed. Kühn.
[3] Pausan. IV, 2.
[4] Lib. I, c. III.

tres pareilles, trouvent créance chez le vulgaire qui n'a point étudié l'histoire, et qui dès l'enfance s'est habitué à recevoir pour vrai tout ce qu'il a entendu dire dans les chœurs et dans les tragédies. Mais Pausanias est lui-même peut-être de ceux qui, en discutant des points d'érudition, restent sous l'influence de l'esprit poétique. Cependant je ne doute nullement que Pausanias ne sentît souvent la véritable valeur de semblables généalogies : il parle en artiste, et s'adresse sur-tout à l'imagination, excepté quand il traite de la géographie; alors il a plus de poids.

Si je voulais indiquer au lecteur des explications frivoles de l'origine de bien des villes, non seulement chez les scholiastes et chez les poètes, mais encore chez des écrivains dont les fonctions exigeaient de la critique, la patience lui manquerait, plutôt qu'à moi les exemples. Mais j'en ai dit assez pour être en droit de suspecter la tradition rapportée par Pausanias, relativement à la Messénie ; j'ajouterai ici quelques recherches nouvelles, à ce que j'ai dit plus haut sur l'ancienne existence de Messène ; et je donnerai un dernier exemple assez remarquable de deux noms de villes mal à propos dérivés d'un nom d'homme.

J'ai soutenu qu'il avait existé une ville de Messène avant Épaminondas, et j'ai conjecturé que le nom de *Messèné*, femme de Polycaon, était forgé après coup[1]. Indépendamment du mot Μεσσήνη, qui par lui-même signifie *territoire du milieu*, et paraît plutôt une dénomination locale, que le nom d'un personnage, comme on le voit aussi dans Apamée d'Assyrie, surnommée Messène (*Cf. Berkel. ad Steph. voc.* Ἀπάμ.); indépendamment du témoignage de Scylax, qui nous donne une ville de Messène différente de celle d'Épaminondas, située sur la côte occidentale de la Messénie, près des frontières de l'Élide; outre la coïncidence de Ptolémée, qui nomme une Messène au nombre des villes maritimes de la Messénie, ce qui ne peut convenir à la position de la récente Messène d'Épaminondas, bâtie près du mont Ithôme, dans l'intérieur des terres; outre cette accumulation des mots Μεσόλα, Μέσση, Μεσσόα, noms de villes donnés par Strabon et Étienne de Byzance, sans qu'il soit possible de leur assigner une place et une existence positive et distincte, dans la géographie postérieure à l'âge d'Épaminondas; enfin indépendamment de cette espèce de conviction et de vraisemblance, qui nous dit qu'une petite contrée a eu un chef-lieu homonyme, je trouve dans la comparaison de plusieurs passages tirés de Pausa-

[1] *Vid. supra*, p. 47-53, et p. 61.

nias, de Strabon et d'Étienne de Byzance, encore des inductions qui ne me paraissent pas manquer de valeur.

Je lis dans Étienne de Byzance : Ἀνδανία, πόλις Μεσσήνης, ὁμώνυμος τῇ χώρᾳ. Οὕτω γὰρ καὶ ἡ Μεσσήνη Ἀνδανία ἐκαλεῖτο, ἣν οἰκίσαι φασί τινας τῶν μετὰ Κρεσφόντου διὰ τὸ μὴ ἁνδάνειν αὐτοῖς. *Andanie, ville de Messénie, du même nom que le territoire; car Messène fut aussi appelée* Andanie; *elle fut fondée, dit-on, par quelques uns des campagnons de Cresphonte, et ainsi nommée par allusion à ce qu'elle ne leur plaisait pas*[1]. Ainsi, à certaine époque, Messène, ville, se serait appelée *Andanie*, ou, en d'autres termes, *Placentia, Plaisance.* C'est toujours dire qu'une ville très ancienne de la Messénie subsista, tantôt avec le nom de Messène, tantôt avec celui d'Andanie.

Maintenant consultons Pausanias [2]; il nous dit que Lélex, fondateur de Sparte et dominateur de la Laconie, avait un frère nommé Polycaon, réduit d'abord par sa naissance à vivre simple particulier, mais qui, après avoir épousé *Messèné*, fille du roi d'Argos, rassembla des Argiens et des Lacédémoniens, et vint occuper la contrée appelée depuis Messénie, du nom de

[1] Étymologie frivole, condamnée avec raison par M. Raoul-Rochette, l. c. tom. III, p. 13.

[2] Lib. IV, init.

son épouse. Parmi les villes qu'il fonda, ajoute Pausanias, il faut distinguer *Andanie*, sa résidence royale; ainsi Andanie, cette ville capitale de la contrée, est donnée par Pausanias comme une des premières fondations du royaume de Messénie. Mais cette ville s'appela aussi *Messène,* nous dit d'une autre part Étienne de Byzance; et la contrée s'appela aussi Andanie, du nom de la capitale. Voilà donc une identité évidente établie entre les mots Messène et Andanie, considérés comme noms de ville et de ville très ancienne.

Remarquons cependant que Pausanias place la fondation d'Andanie à-peu-près à l'époque de l'arrivée de Lélex, c'est-à-dire avant la guerre de Troie, et, à plus forte raison, avant le retour des Héraclides dans le Péloponnèse; Pausanias parle plusieurs fois de cette ville [1], et affirme que les anciens rois habitaient *Andanie,* tandis qu'Étienne de Byzance attribue la fondation de cette ville aux compagnons de Cresphonte, l'un des chefs de l'invasion des Héraclides.

Éphore, auquel Strabon [2] emprunte ici son récit, dit également que Cresphonte s'empara de la Messénie; mais il nomme, non *Andanie,*

[1] Cap. 1, fin. et c. 3.

[2] Strab. XIV, p. 361 (p. 554, 555).

mais *Sténycläros*, comme la résidence que se serait élevée Cresphonte. Strabon dit qu'Andanie existait de son temps [1], mais qu'elle s'appelait autrefois *OEchalie;* et l'auteur du grand Étymologique répète la même chose [2]. Ici des difficultés s'élèvent.

Andanie date-t-elle du règne de Polycaon, ou seulement de celui de Cresphonte? Stenyclaros est-t-elle la même qu'Andanie? OEchalie est-t-elle la même qu'Andanie? Ne serons-nous pas obligés de soupçonner l'existence de deux villes d'Andanie? c'est ce que nous allons examiner.

Les anciens nous disent qu'après son installation, Cresphonte divisa le territoire de la Messénie en cinq petits états, avec autant de villes principales. Éphore [3] le dit positivement, et Étienne de Byzance semble faire allusion à cette tradition, en disant : Μεσόλα, πόλις Μεσσήνης, μία τῶν πέντε. Quelles sont ces cinq villes? Éphore ne nomme que Stényclaros, et ajoute que bientôt même elle devint la capitale unique. M. Raoul-Rochette [4] conjecture qu'*Andanie* fut une de ces

[1] Pag. 522, B, ed. Amstel., et pag. 553, A; et Pausanias indique la placè de ses ruines. IV, 33.

[2] Voc. Ἀνδάνεια.

[3] Ad Strab. pag. 554, 555, Amstel.

[4] L. c. t. III, p. 13.

cinq villes. On pourrait conjecturer aussi que la *Mésola* d'Étienne de Byzance est aussi une des cinq cités primitives de Cresphonte; mais ces mots d'*Andanie* et de *Mésola* ont l'air d'être plutôt des épithètes, et laissent supposer d'autres noms. Du moins est-il permis de croire qu'Andanie fut fondée par Polycaon; car j'incline plutôt ici à admettre le témoignage de Pausanias, que celui d'Étienne de Byzance, d'autant plus que, si Andanie était de l'époque de Cresphonte, son nom seul indiquerait qu'elle avait été le séjour préféré de Cresphonte, tandis qu'Éphore dit positivement que la capitale préférée par Cresphonte fut *Sténycluros*, ὥστε τὴν Στενύκλαρον μὲν ἐν τῷ μέσῳ τῆς χώρας ταύτης κειμένην, ἀποδεῖξαι βασίλειον αὐτῷ τῆς βασιλείας, *de sorte que Cresphonte choisit pour sa résidence royale Sténycluros, située au centre de tout ce territoire;* et il n'est pas croyable que Sténycluros et Andanie soient la même ville, puisque Pausanias (IV. 33) distingue encore de son temps et les champs Sténycluriens, et vis-à-vis d'eux, les ruines d'Andanie. Il me semblerait que le nom de Μεσόλα, rapporté par Étienne de Byzance, cadrerait plutôt avec la position de Sténycluros, ville capitale, ville située *au milieu* de la domination de Cresphonte, dit Éphore[1], ἐν τῷ

[1] Ap. Strab. p. 555, A.

μέσῳ τῆς χώρας ταύτης κειμένην. Et, pour le dire en passant, je crois que les états de Cresphonte devaient s'étendre dans une partie de l'Arcadie, puisqu'il est certain que Sténycláros était dans la partie de la Messénie voisine de Mégalopolis (*vid. infra*), et que cependant Éphore nous dit que Cresphonte l'avait mise au milieu de ses états ; à moins qu'on n'entende par τῆς χώρας ταύτης la cinquième partie de la contrée, celle que se serait adjugée Cresphonte. Mais ταύτης ne peut se rapporter qu'à Μεσσήνην qui précède; ainsi l'extension que je suppose à l'ancienne Messénie ne paraît pas vaine. Quoi qu'il en soit, le nom de Μεσόλα semblerait appartenir à Sténycláros, à cause de la conformité des deux mots Μεσσήνη et Μεσόλα. Mais le nom de Messénie était antérieur à l'invasion des Héraclides et au siége de Troie ; et de cette manière, le nom de la contrée ne pourrait venir d'une ville appelée *Mésola* ou *Messène*, dont l'origine serait si récente.

Revenons donc à la ville d'Andanie que Pausanias nous donne comme une des premières villes de la Messénie. Plusieurs écrivains disent que son ancien nom était *OEchalie*. Pausanias distingue cependant Andanie d'Œchalie, puisqu'il dit qu'un des successeurs de Polycaon, du fondateur d'Andanie, donna à un certain Mélanéus un petit canton de la Messénie, canton qui depuis prit le nom d'OEchalie. Cet auteur dit encore que les Messéniens ne se souciaient guère de rebâtir ni *Andanie*, ni *OEchalie*[1]. Pausanias, d'une autre part, ajoute qu'on n'était pas d'accord sur l'ancienne position d'Œchalie[2]. En tout cas, l'Œchalie donnée par Périèrès à Mélanéus, et que Pausanias dit correspondre au canton appelé de son temps Carnésion[3], cette Œchalie serait probablement sur les confins de l'Arcadie. Pline parle d'une *Carnion* d'Arcadie, qui paraît identique par le nom avec le Carnésion de Pausanias, et ce qui me le fait croire, c'est que l'abréviateur de Strabon dit : ὅτι ἡ Οἰχαλία πόλις, ἡ τοῦ Εὐρύτου Οἰχαλιῆος, ἡ νῦν καλουμένη Ἀνδανία, ΠΟΛΙΧΝΙΟΝ ἈΡΚΑΔΙΚΟΝ. Cet abréviateur identifie Œchalie et Andanie, et en la qualifiant de bourg arcadien, il coïncide avec Pline qui fait de sa ville *Carnion* une ville arcadienne, et avec Pausanias, qui identifie *OEchalie* et *Carnésion*.

Pausanias[4] parle d'un fleuve *Carnion* qui se jette dans l'Alphée. Ces lieux sont voisins, et

[1] C. 26, p. 343, Kühn.

[2] C. 2.

[3] Il cite ce lieu au liv. VIII, c. 35, *init.*, et sur-tout liv. IV, c. 33.

[4] VIII, 34.

leurs dénominations paraissent être identiques par la racine, et se rapporter au surnom d'Apollon *Carnien*, adoré dans cette contrée[1].

Il sera curieux de rapprocher ici ce que dit Strabon[2] au sujet de la position d'*Hira*, que quelques uns placent *aux environs de la montagne voisine de Mégalopolis en Arcadie, sur le chemin qui mène à Andanie, ville appelée OEchalie par Homère.* Que cette opinion sur l'ancienne Iré soit juste ou non, toujours Strabon donne-t-il encore à entendre qu'*Andanie*, autrefois *OEchalie*, était du côté de Mégalopolis; et Strabon rapporte ailleurs[3] l'opinion de Démétrius de Scepsis, qui qualifie d'Ἀρκαδικὴ une Œchalie, ἣν νῦν Ἀνδανίαν καλοῦσιν. Ainsi ces rapprochements identifient une Œchalie et une Andanie, situées dans le nord-est de la Messénie, et qui paraît même avoir été enclavée à certaines époques dans l'Arcadie.

Mais cette *Andanie* serait-elle la capitale de Polycaon! Est-il probable que le fondateur d'un nouvel état ait relégué sa capitale à l'extrémité nord-est de ses états? Non : cette capitale était plus à l'occident, comme le montre Pausanias.

[1] Voy. Pausanias, IV, 33.
[2] P. 553, A, Amstel.
[3] *Supra*, pag. 522, B.

Cet écrivain [1] dit qu'à 80 stades à partir de l'embouchure du Pamisus, et vers l'intérieur des terres, est la ville de Thurium ; qu'en quittant Thurium pour se diriger du côté de l'Arcadie (c'est-à-dire vers Mégalopolis et vers le nord-est), on trouve les sources du Pamisus; que la ville d'Ithôme est à 40 stades à gauche de la source du Pamisus, c'est-à-dire vers l'occident. Plus loin [2], il nous guide vers une rivière à 30 stades d'Ithôme, *du côté de Mégalopolis*. De ce côté est la plaine de *Stényclère* (or voilà la position de la Sténycláros de Cresphonte indiquée vers le nord de la Messénie). Vis-à-vis cette plaine est l'ancienne Œchalie, dit encore Pausanias (ainsi Œchalie est encore située de ce côté). A huit stades à gauche d'un ruisseau voisin d'Œchalie, c'est-à-dire à l'occident de ce ruisseau, sont les ruines d'*Andanie ;* ainsi Andanie est distinguée d'Œchalie, et se rapproche un peu de la mer et de Cyparisse. Mais est-elle indiquée comme assez près de la mer, pour qu'il y ait identité entre cette *Andanie* et la ville de Messène, que Scylax [3] place à *sept stades* de la mer? Je doute : l'état actuel des lieux n'est pas

[1] IV, 31.

[2] IV, 33.

[3] Pag. 16, Huds. § XLVI, pag. 262 de mon éd.

assez connu pour que j'affirme rien. Seulement il y a deux suppositions à faire, et l'incertitude des anciens sur la position de la véritable Œchalie, nous porte à préférer la seconde : ou bien Pausanias a distingué à tort Andanie d'Œchalie ; ou bien son Œchalie répond à l'Andanie arcadienne de quelques uns, et son Andanie est la capitale fondée par Polycaon, ville plus occidentale, et peut-être cette Messène dont je cherche la trace. Je ne sais si le nom d'Andanie aura précédé ou suivi celui de Messène ; mais celui de Messène paraîtrait avoir l'antériorité, au moins comme nom de pays. La plus ancienne géographie place sur les confins de l'Arcadie, de l'Élide et de la Messénie, une petite contrée appelée *Triphylie*, de trois peuples qui l'habitaient [1]. Comparons à cette dénomination une certaine généalogie donnée par Pausanias [2]. Polycaon, fils de Lélex (un des chefs de colonie phénicienne), épousa *Messènè, fille de Triopas.* Le nom de *Triopas* me paraît presque identique avec celui de *Triphylie;* l'un signifie pays où sont réunis trois peuples ; le second, qu'on nous donne comme nom d'homme, signifie *qui parle par trois bouches ;* et si c'est le nom d'un prince qui ait vraiment existé, ce nom

[1] Strab. VIII, 519, B, C. — [2] Lib. IV, init.

n'aura été créé qu'après coup, pour exprimer certaines alliances de colonisation, auxquelles il aura présidé. Enfin Triopas eut pour fille *Messèné*. De pareilles généalogies ne peuvent qu'exciter une juste méfiance. Il me paraîtrait plausible, quand on est réduit à chercher des traces fugitives au milieu des traditions défigurées, de voir dans ces noms de personnages l'établissement d'un petit état, qui se trouvait entre plusieurs autres contigus, ce qui le fit appeler *pays du milieu;* peut-être la Triphylie fut-elle la Messénie elle-même dans son origine, et la Messénie se serait bornée alors à cette plaine qui est au midi du fleuve Néda, limite de l'Élide et de la Messénie agrandie et constituée. En vain Étienne de Byzance dit : Ἀρήναι, δύο πόλεις, Μεσσήνης καὶ Τριφυλίας. Il est presque évident pour moi, qu'il faut identifier ces deux villes, et qu'on a multiplié les *Arèné* comme les *Pylos,* faute d'avoir reconnu que le même sol a porté des noms différents à diverses époques. Pour conclure, ces noms de Μέσση, Μεσσόα, Μεσόλα, Μεσσήνη, auront pu être donnés à une même ville. Si la résidence des rois de la Messénie a changé, le nom de ville messénienne par excellence, celui de ville de Messène, aura pu appartenir successivement à plusieurs villes. Mais, dans cette hypothèse, loin de n'avoir pas avant Épaminondas une seule cité qui pût s'appeler Messène, nous en aurions plusieurs; mais je reviens à cette conjecture, fortifiée par des inductions de plus d'une sorte, qu'une ville de Messène a existé avant Épaminondas, et qu'elle est l'Andanie, fondée par Polycaon. La force des mots grecs me paraît porter ici une valeur historique; et d'ailleurs les passages de Scylax, de Ptolémée, de Pausanias, de Strabon, et d'Étienne de Byzance, que j'ai rapprochés et discutés, préparent non seulement cette interprétation, mais la rendent presque nécessaire.

L'origine, donnée par quelques auteurs aux villes de Soles en Cilicie et dans l'île de Chypre, peut encore offrir un exemple de la facilité avec laquelle les anciens ont cru devoir attribuer la fondation de quelques villes à certains personnages, ou qui sont imaginaires, ou qui n'ont pu en être les véritables fondateurs.

Je vois en Cilicie une ville de Soles, dont l'origine varie selon différents auteurs. Je trouve même les diverses autorités citées par M. Raoul-Rochette, dans son savant et utile ouvrage sur les colonies grecques[1], et par l'érudit M. Tzschucke[2]. Diogène de Laërte[3] dit que So-

[1] T. III, p. 377.

[2] In Mel., ad lib. I, c. 13, § 11, not. exeg. p. 409, sq.

[3] Lib. I, 4, § 11.

lon, à l'époque de son exil, réunit quelques Athéniens, et alla fonder en Cilicie une ville à laquelle il donna le nom de *Soles*. Euphorion, cité par Étienne de Byzance, attribue également à Solon la fondation de cette ville, ou du moins son appellation. Κέκληται δὲ ἀπὸ Σόλωνος, ὡς Εὐφορίων. Ici, pour le dire en passant, l'annotateur d'Étienne de Byzance confond les deux Soles, celle de Chypre et celle de Cilicie, et cite au sujet de la seconde ce que dit Plutarque dans la vie de Solon, au sujet de la première. Ensuite, l'auteur anonyme de l'ouvrage *De Incredibilibus* [1], rejette l'opinion de Diogène de Laërte.

Du reste, si deux auteurs attribuent à un Athénien la fondation de Soles en Cilicie, un plus grand nombre l'attribue à des Rhodiens. Strabon [2] dit qu'elle est une colonie d'Achéens et de Rhodiens venus de Linde (en Carie); Eustathe [3] répète la même chose; Pomponius Méla [4] dit qu'elle fut fondée par des Rhodiens et des Argiens; et M. Raoul-Rochette est disposé à croire que cette substitution des Argiens aux Achéens indique la vraie origine de cette

[1] In Gale opusc. p. 95.
[2] XIV, p. 671 (p. 988, B.).
[3] Ad Dionys. v. 875.
[4] Lib. I, c. XIII, §. 2. Tzschucke.

ville, et que Strabon, dans le texte duquel on lit Ῥοδίων καὶ Ἀχαιῶν κτίσμα, et non Ῥοδίων καὶ Ἀργείων, aura pû être corrompu; or il l'aura été, comme le remarque cet érudit, du temps même d'Eustathe qui copie Strabon.

Ce qui a porté M. Raoul-Rochette à desirer de substituer le nom des Argiens à celui des Achéens, ce sont les nombreux indices que lui fournissent, d'abord l'examen suivi de l'arrivée successive des principales colonies après la prise de Troie, et sur-tout l'autorité des médailles les plus nombreuses [1].

Si j'hésite à partager cette opinion partielle, c'est qu'elle n'est point très nécessaire. M. Raoul-Rochette nous montre très bien qu'une colonie argienne passa à Rhodes vers l'an 1292 avant J.-C. On nomme ici les Argiens ou les Rhodiens comme fondateurs de Soles, c'est peut-être la même chose. Restent donc les Achéens, dont il faut rendre compte ici, et dont la présence aurait besoin d'être expliquée. C'est à l'auteur des Recherches sur les colonies grecques, que je m'adresserais encore sur une telle question, et son ouvrage même me suggère une conjecture

[1] L. c. t. III, p. 378.
[2] L. c. tom. II, p. 267.

que je hasarde ici. La colonie argienne que Tlépolème amena à Rhodes, est appelée Aeolienne par Strabon, dit M. Raoul-Rochette, *parce qu'en effet les Achéens d'Argos étaient originairement issus des colonies Aeoliennes en Thessalie.* Puisque M. Raoul-Rochette reconnait et établit une identité non douteuse entre ces Argiens et ces Achéens, pourquoi s'étonner de voir les mêmes colonies appelées de deux noms différents, mais au fond identiques, chez des auteurs anciens? Rien ne nous empêche de considérer les Rhodiens et les Achéens comme rassemblés ici dans Strabon, pour rappeler les anciennes origines et les migrations antérieures, plutôt que pour spécifier l'arrivée de deux peuples différents à Soles en Cilicie.

Quoi qu'il en soit, voilà la ville de Soles en Cilicie fondée d'après les uns par Solon, d'après les autres, par des Argiens ou Achéens venus de Rhodes; or, nous n'hésitons pas à adopter, avec MM. Raoul-Rochette et Tzschucke[1], la réalité mieux prouvée et l'antériorité de la colonisation attribuée aux Rhodiens. Elle est authentiquement attestée par Polybe[2] et Tite-Live[3].

[1] L. c.

[2] Lib. 22, c. 7, § XI, p. 189, ed. Schweigh.

[3] Lib. 37, c. 56.

Mais c'est ici que j'oserai former une nouvelle conjecture. Je soupçonne fortement que la *Soles* de l'île de Chypre est la première, la véritable fondatrice de la *Soles* en Cilicie; et ce sont encore les Recherches de M. Raoul-Rochette, qui m'auront conduit à ce résultat, en me présentant un tableau bien coordonné, et très favorable à la comparaison.

En me permettant de toucher à un point isolé de ce grand ouvrage, je crois ne pas manquer aux égards dus à son auteur. Un détail peut avoir été négligé au milieu d'une masse de faits présentés dans leur ensemble avec un caractère de vérité.

Mais revenons à la question qui nous occupe. M. Raoul-Rochette[1] prouve qu'un certain Acamas vécut du temps de la guerre de Troie. Étienne de Byzance[2] dit qu'Acamas vint s'établir en Phrygie après la prise de Troie, et le scholiaste de Lycophron[3] dit que le même chef de colonie passa en Chypre, et même qu'une montagne de cette île reçut de lui son nom[4]: ceci fixe l'époque de la fondation de plusieurs

[1] Ib. t. II, p. 392, 393.

[2] Voc. Σύνναδα.

[3] Ad v. 452.

[4] Ad v. 500.

villes grecques, et même de Soles. Strabon[1] la dit fondée par deux Athéniens, Phalère et Acamas: εἶτα Σόλους πόλις,... κτίσμα δ' ἐστὶ Φαλήρου καὶ Ἀκάμαντος Ἀθηναίων. Ainsi voilà les Athéniens désignés comme fondateurs de la Soles cyprienne; et quels Atheniens? Ils portent des noms identiques avec des noms de différents lieux de l'Attique. Car tout le monde connaît le port de Phalère et la tribu Acamantide; et l'on n'oublie pas que Chypre avait une Salamine ainsi que l'Attique.

Plutarque, à la vérité, rapporte dans la vie de Solon[2], que la ville de Soles, en Chypre, s'appela *Æpéa*, jusqu'au moment où Solon, après son voyage en Égypte, passa en Chypre, et bien accueilli par le roi Philocypre, reconnut cet accueil en lui persuadant de transporter la ville au pied d'une montagne escarpée, au sommet de laquelle elle s'élevait (*Cf. not.* p. 100). Le conseil fut suivi, et le roi Philocypre, par reconnaissance pour son hôte illustre, donna à cette ville le nom de Solon; depuis elle se serait appelée *Soles,* selon Plutarque.

Mais d'abord il n'est pas facile de s'accommoder grammaticalement de l'étymologie de Σόλοι, venant de Σόλων. Le mot Σόλων feroit Σολώνεια ou Σολωνία, comme on a formé Ἀπολλωνία, d'Ἀπόλλων; Ἀγνώ-

[1] P. 1002, D. — [2] *Vit. Sol.*, c. 26.

νεια d'Ἄγνων, Μαρώνεια de Μάρων; et Étienne de Byzance dit lui-même: Μαρώνεια, ἀπὸ τῆς Μάρωνος γεννικῆς, c'est-à-dire Maronée, *mot formé du génitif de* Μάρων. Ainsi Καυλωνία de Καυλών, c'est-à-dire Καυλωνία ἀπὸ τοῦ Καυλῶνος, dit encore Étienne de Byzance. Il serait facile d'accumuler des exemples semblables.

Mais par quelle analogie formerons-nous Σόλοι de Σόλων?

Rappelons-nous que les Grecs n'ont pas toujours été des modéles de critique, quand il a été question d'étymologies à tirer de leur propre langue. Sans compter les scholiastes, qui subtilisent souvent d'une manière ridicule dans de pareilles matières, osons dire que de grands écrivains sont tombés chez eux dans ce défaut; et il serait possible que Plutarque, Euphorion, et Diogène de Laërte, fussent ici dans ce cas.

Remarquons encore que Plutarque et Diogène de Laërte, sont de ces historiens qui écrivent plutôt l'éloge que l'histoire de leurs héros; qu'ils rassemblent tous les traits les plus favorables pour en composer un modéle digne d'éloge et d'admiration, afin de l'offrir à l'imitation de leurs contemporains et de la postérité. C'est dans cet esprit que Xénophon écrivait la Cyropédie; et de tels auteurs ne se servent pas d'une critique bien sévère, avant d'admettre une circonstance à la louange de leur héros. Il suffirait donc que le nom de Σόλοι, existant déja, eût offert de la conformité avec celui de Σόλων, pour qu'on ait attribué par la suite, au passage du sage de la Grèce, la dénomination que portait la ville de Soles en Chypre

Si toute l'antiquité était d'accord sur cette tradition, il faudrait garder le silence; mais l'histoire véritable, celle qui est confirmée par les inductions les plus fortes et par des données positives, l'histoire nous montre la ville de Soles en Chypre, comme postérieure de très peu à la prise de Troie. Strabon nous dit positivement qu'elle est fondée par deux Athéniens, Phalère et Acamas; et ce géographe ne nous dit rien de cette seconde dénomination qu'elle devrait à Solon, après avoir porté long-temps celle d'Æpéa. Pourtant Strabon est ordinairement très exact à rapporter de semblables changements. Bien plus, Hérodote, qui n'est pas très postérieur à Solon, nous parle bien des vers que le législateur d'Athènes composa en l'honneur de Philocypre, mais il ne dit pas un mot de ce déplacement de ville, et de ce prétendu fait, que Solon donna son nom à la ville : ce silence avait déja frappé M. Mannert (*Geogr. der Gr. und R.* 6 *Th.* I, p. 564).

Plutarque[1] cite, il est vrai, des vers attribués à Solon, vers assez mal compris par Henri Étienne[2], mais qui parlent en effet d'une fondation dont Solon serait l'auteur.

Νῦν δὲ σὺ μὲν Σολίοισι πολὺν χρόνον ἐνθάδ' ἀνάσσων,
  Τὴν πόλιν εὖ ναίοις, καὶ γένος ὑμέτερον·
Αὐτὰρ ἐμὲ ξὺν νηΐ θοῇ κλεινῆς ἀπὸ νήσου
  Ἀσκηθῆ πέμποι Κύπρις ἰοστέφανος.
Οἰκισμῷ δ' ἐπὶ τῷδε χάριν καὶ κῦδος ὀπάζοι
  Ἐσθλὸν, καὶ νόστον πατρίδ' ἐς ἡμετέρην.

[1] Vit. Solon. c. xxvi. On les retrouve dans les *Analecta* de Brunck, tom. I, p. 75.

[2] Voc. Σόλοι. Ce grand lexicographe dit : *Urbem istam ipse Solon in quodam carmine vocat suum* γένος, *et eam a se ᾠκίσθαι testatur*. Les mots Οἰκισμῷ δ' ἐπὶ τῷδε, signifient bien *en récompense de cette colonie fondée*, et je pense bien qu'il faut l'entendre d'une colonie fondée par celui qui parle; mais γένος se rapporte à la personne du roi Philocypre, qui accueillit Solon, et non à Solon lui-même. Sans doute Henri Étienne lisait ἡμέτερον γένος; mais un Grec n'aurait pas dit ici ναίοις τὴν πόλιν καὶ γένος, *puissiez-vous habiter cette ville, qui est ma race*. Je suis étonné que les nouveaux éditeurs du Trésor d'Henri Étienne, publié à Londres, n'aient pas relevé cette erreur. Quant au second vers, Hutten fait remarquer que la leçon primitive est τὴν πόλιν ναίοις καί..., et qu'Henri Étienne a ajouté τε (τήν τε πόλιν). Reisk a corrigé τὴν πόλιν εὖ ναίεις. Il faut conserver la forme optative ναίοις; du reste qu'on lise εὖ ναίοις, ou τήν τε πόλιν ναίοις, le sens est le même; car le τε ne correspondrait au καί suivant, que pour joindre le

« Puissiez-vous long-temps, vous et vos des- « cendants, paisibles dominateurs des Soliens, « habiter cette ville! quant à moi, veuille Cy- « pris au front ceint de violettes me renvoyer « sain et sauf de cette île célèbre, sur un esquif « léger! Puisse-t-elle m'accorder, pour prix de « cette *colonisation*, reconnaissance, gloire, et le « retour dans ma patrie! »

Mais cet argument n'est pas très fort; car l'authenticité de ces vers n'est pas du tout prouvée. Il faudrait entrer à ce sujet dans quelques recherches, auxquelles nous ne nous livrerons pas ici; mais si l'on traitait la question, ce passage même, où Solon s'attribue l'honneur d'avoir fondé Soles, deviendrait peut-être, par suite de cette dissertation, un argument de plus contre l'authenticité du morceau. D'ailleurs, si Solon avait laissé son nom à cette ville, ce n'est qu'après le départ du célèbre Athénien, et insensiblement, que la nouvelle dénomination aurait prévalu; et ce ne serait pas Solon qui se serait exprimé ainsi. Ces sortes de vers, où le héros s'arroge certains mérites, ont bien l'air d'avoir été forgés après coup, et par des auteurs qui, en faisant

pronom σύ qui représente la personne de Philocypre, et le mot γένος, qui désigne les descendants de ce prince, et ne veut pas dire que la colonie est *issue* de Solon.

parler un grand personnage, ne sont pas obligés d'être modestes comme il l'aurait été lui-même. Que de fragments de poèmes, dans tous les temps et chez tous les peuples, que d'épigraphes mises au bas des portraits, font parler les personnages comme ils n'auraient jamais parlé! Voilà, je crois, ce qu'il faut penser des vers de Solon, cités par Plutarque; et si je ne me sers ici que d'arguments généraux, au lieu d'en rassembler de plus spéciaux, c'est qu'on ne peut pas tout approfondir en suivant un travail particulier.

Je le répète, une critique grammaticale peu sévère, aura crû reconnaître dans le nom de Σόλοι, la trace du passage de Solon, et du nom de ce sage; mais quels sont les écrivains qui rapportent cette circonstance? ce sont des auteurs qui avaient comme adopté un système absolu d'éloge.

Il est donc permis de douter que la ville de Soles n'ait commencé à porter ce nom qu'après le passage de Solon.

Revenons à la *Soles* de Cilicie. Euphorion nous dit qu'elle reçut son nom de Solon; Diogène de Laërte, qu'elle fut fondée par lui. En voilà assez pour nous donner une idée de la critique historique de ces auteurs. MM. Raoul-

Rochette et Tzschucke n'hésitent pas à reconnaître l'existence de cette ville avant Solon, et à la regarder comme une colonie argienne. Or, cette manière légère avec laquelle on attribue à Solon la fondation de Soles de Cilicie, à cause de la conformité des noms, nous fait concevoir que ce rapprochement ait pu être fait au sujet de la Soles de Chypre, sans qu'on y ait été plus autorisé.

Quant à la colonie argienne, ou dorienne, ou achéenne, qui aurait fondé la Soles cilicienne, on ne peut révoquer en doute son existence et son arrivée à Soles, puisqu'elle est attestée par Strabon, Eustathe et Pomponius Méla, et puisqu'une grande quantité de médailles confirment le même fait. Mais, où je me permettrai de m'écarter de l'opinion admise, c'est lorsqu'on dit que les Argiens sont les premiers fondateurs de Soles.

Diogène de Laërte attribue à Solon la fondation de cette ville : il se trompe, mais il lui donne toujours une origine athénienne; c'est peut-être la trace défigurée d'une tradition réelle. Ensuite, M. Raoul-Rochette[1] reconnaît lui-même que les médailles de Soles, rassemblées

[1] T. III, p. 377.

par Eckel[1], *offrent assez souvent l'effigie de Pallas, et la chouette, type ordinaire des médailles d'Athènes. Un de ces monuments*, ajoute-t-il, *fait aussi mention d'une fontaine appelée Sunia, et le docte Eckel conjecture avec raison que ce nom lui fut donné par la colonie athénienne, de celui du cap Sunium.*

M. Raoul-Rochette, qui ne pouvait sacrifier ni l'un ni l'autre de ces deux témoignages, les admet tous les deux, et pense qu'une colonie argienne, dans le temps où les émigrations de ce peuple couvraient toute la côte, depuis le promontoire Mycale jusqu'au golfe d'Issus, aura fondé Soles, et qu'ensuite une colonie de Rhodiens sera venue se joindre à eux. Je n'ai point d'opinion particulière sur cette division des Argiens et des Rhodiens en deux colonies successives, et je suivrai volontiers l'opinion de M. Raoul-Rochette, bonne autorité dans ces matières; mais je me permettrai de conjecturer que cette colonie, venue à la suite de Solon, peut n'être qu'une tradition vaine, et que la véritable colonie athénienne venue à Soles, celle qu'attestent les médailles, est antérieure à toutes. De ce que les médailles argiennes de Soles sont plus nombreuses que les médailles athéniennes, je conclurais, non pas quelles attestent la présence

[1] *Doctr. num.* III, p. 68.

plus ancienne des Argiens; mais que les autres, à l'effigie athénienne, doivent être réputées plus anciennes, précisément parcequ'elles sont plus rares.

Quand je vois la ville de Soles en Chypre fondée, au rapport de Strabon, par les Athéniens Phalère et Acamas; quand je vois que la Soles de Cilicie est fondée, dit Diogène de Laërte, par le législateur d'Athènes; que cette tradition est victorieusement réfutée par la force des autorités, et qu'il nous reste des Athéniens, des Argiens, et des Rhodiens, à désigner comme les véritables fondateurs de cette cité; quand je vois des médailles attester la présence d'une colonie athénienne, et que la présence de cette colonie n'est expliquée par Diogène de Laërte qu'à l'aide d'une fable évidente, je me crois permis de placer l'arrivée de la colonie athénienne à une époque plus reculée, et de reconnaître quelque rapport entre la fondation de Soles Cyprienne, par des Athéniens, et celle de Soles Cilicienne, qui montre les Athéniens au nombre de ses anciens colons.

Examinons encore cette origine du mot *solécisme*, que nous donnent les anciens et entre autres Eustathe [1]. On rapporte qu'une colonie

[1] Ad Dionys. v. 875, p. 156, Huds.

d'Athéniens vint à Soles; que le séjour dans une terre étrangère, et le mélange des dialectes, firent perdre à ces Athéniens la pureté du langage attique; et de là, le mot Σολοικισμός, qui signifie *séjour à Soles*, devint le synonyme de *langage corrompu*. N'est-il pas probable que cette tradition est antérieure à l'âge de Solon? Eustathe dit ὡς ἀνδρῶν ποτὲ Ἀττικῶν οἰκησάντων ἐκεῖ. Ce mot ποτέ indique ici un retour à une antiquité assez reculée. A la vérité, on trouve le mot Σολοικισμός et les autres formes de cette racine, employés principalement par des auteurs assez récents, tels que Lucien et Diogène de Laërte, et par des grammairiens; mais Xénophon (*Cyrop*. VIII, 3, 10.) qualifie un certain Daïpharne de σολοικότερος. Or, cette expression, employée par un historien ancien, prouve qu'elle était dès long-temps passée en proverbe, et qu'elle avait pu précéder l'âge de Solon. Du reste, voyez sur ce mot la nouvelle édition anglaise du Trésor de Henri Étienne, col. 8525, sqq. Je persiste donc à croire que Soles existait et portait déja ce nom avant l'arrivée de Solon.

Je dois encore ici à M. Raoul-Rochette un rapprochement utile à mon opinion.

Après la guerre de Troie, des colonies passèrent de l'île de Chypre sur la côte de Cilicie, et fondèrent Olba, Cenna, et Lalassa. C'est Strabon qui l'atteste. Or, quand des indices nous portent à croire que la Soles de Cilicie fut fondée par les habitants de Soles en Chypre, des émigrations parties du même lieu expliquent naturellement celle-là. C'est ainsi que les Carthaginois ont transporté sur les côtes de la Phénicie des noms de villes habitées par eux sur le golfe Persique. Ainsi les Grecs donnèrent à Marseille, à des villes de Sicile, à bien des villes de Grèce, des noms empruntés aux métropoles. Ainsi les Espagnols et les Anglo-américains ont fait revivre dans de nouveaux climats les villes de la mère-patrie.

On ne m'objectera pas que les deux noms de ces villes s'écrivent différemment ; l'identité de ces noms est reconnue avec raison par M. Tzschucke. La différence n'existait pas dans l'origine, et c'est plus tard qu'on a apporté un léger changement pour éviter la confusion. Polybe donne à la ville continentale le nom de Σόλοι τῶν Κιλικίων, ce qui prouve qu'il fallait la distinguer d'une autre de même nom. Étienne de Byzance dit : Σόλοι, Κιλικίας πόλις. Et Plutarque appelle également Σόλοι, celle de l'île de Chypre. En-

[1] XIV, 672.

suite Eustathe[1] les cite toutes les deux, en leur donnant le même nom ; seulement, il dit que les citoyens de la Soles cilicienne s'appelaient Σολεῖς, et ceux de la Soles cyprienne, Σόλιοι. Mais c'est une distinction purement conventionnelle. C'est ainsi que les Phocidiens de la Grèce étaient appelés Φωκεῖς et ceux de l'Asie Mineure Φωκαιεῖς[2]. Ils étaient cependant d'une origine identique. Il en est de même d'un peuple dont les colonies s'étaient répandues en Europe et en Asie, je veux dire les Mysiens. On prétendait que les Mysiens d'Asie et ceux de Thrace se distinguaient par les dénominations de Μυσοί et de Μοισοί ; mais on a prouvé qu'ils étaient identiques : c'est le besoin seul de ne pas confondre, qui a insensiblement amené cette différence chez des auteurs assez récents[3].

Mais si vous ôtez aux villes de Soles en Cilicie et en Chypre, leur étymologie tirée du nom de Solon, d'où la tirerez-vous, me dira-t-on? et sur-tout, quand il est question de migrations et de fondations de villes, il est important d'assigner une origine positive, et si l'on peut, étymologique.

[1] Ad Dionys. v. 875.

[2] Cf. Herodot. I, 146, 152, et Stephan. ad voc.

[3] Cf. J. B. Gail, Géograph. d'Hérodot. t. I, p. 322, sqq.

Voici comment j'essaie de rendre raison du mot Σόλοι. Des noms semblables se trouvent ailleurs dans la géographie. Il y avait en Sicile une ville Σολόεις ou Σόλους, dont parle Étienne de Byzance; et là, ce géographe rapporte une origine que je mets encore au nombre des fictions. Cette ville Σολοῦς, dit-il, ἐκλήθησαν ἀπὸ Σολοῦντος κακοξένου, ὃν ἀνεῖλεν Ἡρακλῆς. Ici ce n'est plus *Solon*, c'est un brigand appelé *Solus*, qui fut tué par Hercule. Chez les Grecs, il se trouve toujours de rigueur un héros prêt à donner son nom à une ville, ou à un lieu quelconque. Quelquefois cela est réel, et la géographie moderne nous en donne mille exemples; mais plus souvent encore les dénominations géographiques sont locales et empruntées à la topographie. La *France* est le pays des Francs : mais la *Hollande* est *le pays creux;* ainsi la Sicile fut jadis appelée *Trinacrie*, la Sardaigne *Sandaliotis*, à cause de leur forme. Ainsi donc, dans toutes les recherches quelles qu'elles soient, il ne faut jamais avoir recours à un seul principe, mais reconnaître tous ceux que la nature des choses rend admissibles, ou plutôt vers lesquels elle doit nous faire remonter par la voie des probabilités.

Ainsi, que l'on reproche au savant Bochart un usage immodéré de l'hébreu et des étymologies hébraïques, ce n'est pas à moi de prononcer là-dessus: mais, à coup sûr, il a souvent raison. C'est toujours parce qu'un système est vrai dans un grand nombre d'applications, qu'il séduit son auteur et l'entraîne à des généralités abusives.

Mais revenons au mot en question. Nous retrouvons encore un nom semblable dans le cap *Soloé*, pointe occidentale de la Libye, au dehors du détroit de Gades. Ce lieu ou cap Σολόεις n'avait pas été fondé ou nommé par Solon.

J'avoue que je trouve simple, naturelle et satisfaisante, l'étymologie que donne Bochart[1] du *Cap Soloé*, et de la ville de Σολοῦς en Sicile. Il dérive ces noms d'un mot oriental, qui signifie *aspérité*, *rocher*. En effet, les lieux qui portent ce nom, sont situés sur des hauteurs. Voyez les détails géographiques qu'il donne sur la *Solus* de Sicile; on se rend facilement raison de la dénomination du cap *Soloé*. Venons à la *Soles* de Chypre. Plutarque nous dit qu'avant l'arrivée de Solon, elle s'appeloit Αἴπεια, c'est-à-dire ville escarpée. Mais, en appliquant ici l'étymologie de Bochart, il y aurait identité entre le nom d'*Æpéa* et celui de *Soles*; et, par une confusion facile à concevoir, Plutarque aurait pris pour

[1] *Geogr. sacr.* I, c. 27, col. 514.

deux noms différents, et pour une fondation en quelque sorte double de cette ville, le même nom reproduit dans deux idiomes différents[1]. C'est ainsi que Carthage, qui signifie *ville nouvelle*, est appelée par Étienne de Byzance *Carthage* et *Néapolis*. Cet auteur aurait commis la même erreur que Plutarque, s'il avait dit que Carthage, après avoir été détruite par les Romains, et rebâtie par eux, s'appela alors *Néapolis*, en signe de sa nouvelle existence.

Je termine donc en proposant, comme opinion probable, de rejeter la tradition qui attribue au passage de Solon, la dénomination de ville de Soles, soit en Chypre, soit en Cilicie, et de regarder la Soles de Cilicie, comme une colonie athénienne, et peut-être fondée par la colonie athénienne établie dans la Soles de Chypre.

[1] La ville des *Thuriates* dans la Messénie fut aussi appelée *Æpéa*. Pausanias (IV, 31) nous en donne la raison : *les Thuriates habitaient jadis sur une hauteur; ils descendirent dans la plaine, sans abandonner toutefois entièrement la ville haute.* Voilà, je crois, précisément ce qui arriva aux habitans de Soles en Chypre, et ce qui donna lieu à la fausse tradition rapportée par Plutarque.

www.ingramcontent.com/pod-product-compliance
Lightning Source LLC
LaVergne TN
LVHW020030170826
845678LV00001B/193

* 9 7 8 2 3 2 9 7 5 0 1 5 6 *